LA MER TERRITORIALE

LA

MER TERRITORIALE

ÉTUDES HISTORIQUES ET JURIDIQUES

PAR

Arnold RÆSTAD

PARIS

A. PEDONE, ÉDITEUR

LIBRAIRE DE LA COUR D'APPEL ET DE L'ORDRE DES AVOCATS

13, RUE SOUFFLOT, 13

1913

PRÉFACE

J'ai déjà publié, en norvégien, sur la mer territoriale, sous son double aspect historique et actuel, un ouvrage intitulé : « *Kongens Strömme. Historiske og folkeretslige undersökelser angaaende sjöterritoriet* » (Kristiania, 1912). Ayant eu, entre temps, l'occasion de compléter, sur certains points, mes études sur l'évolution générale de la mer territoriale, j'ai pensé qu'il valait peut-être la peine de soumettre mon livre, refondu, à un plus grand public.

J'ai conscience de la témérité qu'il y a, de ma part, à vouloir présenter mes idées dans une langue qui n'est point la mienne. Si j'ose publier mon livre sans trop demander l'indulgence de mes lecteurs français, c'est grâce à la collaboration bienveillante et amicale, dont je garderai toute ma vie l'agréable souvenir, de M. Louis Delavaud, ministre plénipotentiaire, et de M. Paul Fauchille, directeur de la « Revue générale de droit international public ».

Je tiens à remercier, à cette place, le personnel des différentes Bibliothèques et Archives, dont j'ai consulté les documents pendant mon séjour à Paris. Je désire, en particulier, témoigner à M. Charles de La Roncière, conservateur à la Bibliothèque Nationale, ma reconnaissance pour l'intérêt qu'il a bien voulu prendre à mes travaux.

Paris, le 12 décembre 1912.

Arnold RÆSTAD.

LA MER TERRITORIALE

I

LA QUESTION DE LA MER DANS LE DROIT ROMAIN

Depuis les temps les plus reculés, la mer joue un rôle important dans l'économie des sociétés humaines. La mer est une voie de communication, en temps de guerre et en temps de paix. Elle est fertile en produits utiles : poissons, phoques, baleines, coquilles, coraux, ambre, organismes vivants ou morts, mobiles ou immobiles ; du bois est apporté aux rivages par les courants ; du sel est tiré de l'eau même. Aussi, de temps immémorial, les hommes se sont-ils disputé la possession de la mer ou, plutôt, les ressources de richesse qu'elle mettait à leur portée. A mesure que la balance du pouvoir se déplaçait, les règles sur l'usage de la mer, dans les rapports des sociétés humaines, se modifiaient aussi. L'histoire ancienne nous en offre des exemples. Des Etats, incorporés plus tard à l'empire romain, ont consacré, dans leurs traités, des restrictions au libre usage de la mer. Ainsi, d'après une tradition dont l'authenticité a, toutefois, été mise en doute, les Perses, par le traité de paix dit de Kimon (environ 465 avant notre ère), se seraient engagés à ne point envoyer de navires de guerre à l'ouest de certaines îles de la mer Egée (1). Aux termes de l'armistice conclu entre Athènes et Sparte en 423, les Lacédémoniens ne devaient pas avoir de navires de guerre ou de commerce jaugeant plus de 500 talents (environ 12 tonneaux) (2). Polybe a reproduit les dispositions d'un traité de commerce signé en 508 ou 509 entre Rome et Carthage : par ce traité, les deux parties se partagèrent la Méditerranée en diverses zones où elles se réservèrent la navigation commerciale, partage qui était surtout favorable au métropole phénicien ; les Romains ne devaient pas, à l'avenir, naviguer ni commercer à l'est du « Beau promontoire » sur la côte nord de l'Afrique. Des stipulations analogues se trouvaient encore dans le traité de commerce conclu entre ces mêmes puissances en l'année 306 (3). Les exemples que je viens de donner suffisent à prouver que, dans la Méditerranée, la libre navigation a été plusieurs fois soumise à des restrictions notables avant l'établissement de l'empire romain.

Aux yeux des peuples commerçants, comme les Hellènes et les Phéniciens, mais aussi aux yeux des Romains, la mer était avant tout, en temps de guerre et en temps de paix, une voie de communication. La pêche et les autres industries utilisant les produits naturels de la mer étaient, au sentiment de ces peuples, de moindre importance : ils les tenaient même dans un certain discrédit. La pêche maritime n'est pas, que je sache, mentionnée une seule fois dans les anciens traités (4). Mais il est évident que la liberté de la pêche ne fut pas, aux temps pré-romains, absolue dans la Méditerranée. La pêche des thons, surtout, était souvent exploitée au profit d'un temple ou d'une

(1) Isocrate, *Panathenaïkos*, chap. 20.
(2) Thucydide, 4, 118, 5.
(3) Polybe, 3, 22, 4 et 3, 24, 3 ; Phillipson, II, p. 74-78.
(4) Phillipson, I, p. 381-2, et II, p. 54 et suiv.

autre institution publique ou de l'Etat côtier lui-même (1). Si, toutefois, on est porté à croire qu'en règle générale, la pêche côtière était libre pour tout le monde dans la Méditerranée, c'est que le commerce des produits de la pêche avait, même avant l'avènement de l'empire romain, un caractère plutôt international. Les sociétés dominantes de l'Antiquité étaient presque sans exception concentrées dans des cités. A Athènes, comme à Carthage et à Rome, on était bien forcé de recourir aux pêcheurs étrangers, puisque les entreprises des pêcheurs indigènes, peu nombreux, étaient insuffisantes pour satisfaire aux besoins de la population.

Les conquérants romains devaient s'efforcer de faire disparaître les différences des lois et des mœurs dans les diverses parties de l'Etat unifié. Le droit romain, par définition, devait s'opposer aux règles exceptionnelles qui pouvaient être de nature à maintenir ou à fortifier les particularités nationales. Il est donc tout naturel et conforme aux tendances centralisatrices du droit romain que celui-ci ait fait table rase des anciennes dispositions imposant des restrictions à la navigation ou à la pêche maritime, et n'ait admis que cette règle péremptoire : « L'usage de la mer est libre pour tout le monde. La mer est une chose commune comme l'air et l'eau de pluie. » Cette règle se trouve répétée, en termes presque identiques, par tous les jurisconsultes cités à ce sujet dans le Digeste : Celse, Marcien, Pomponius, Paul, Ulpien. La formule donnée par Marcien a été reproduite dans les Institutes de Justinien : « *Et quidem naturali jure communia sunt omnium hæc : aër et aqua profluens et mare et per hoc litora maris* » (2). Le jurisconsulte

(1) Rhode, p. 67.

(2) Le terme peu usité de *aqua profluens*, qui se trouve employé par Marcien (Dig. 1, 8, 4) et les Institutes (2, 1, 1), était interprété comme signifiant *aqua de cœlo cadens* par les commentateurs les plus autorisés du moyen-âge, Jacobus de Ravenna, Balde, Ange-

Celse vivait sous le règne de l'empereur Hadrien. Le droit romain a ainsi, pendant plus de 400 ans, posé en principe que l'usage de la mer est libre pour tout le monde.

La question de la mer territoriale, qui a préoccupé les jurisconsultes et les gouvernements au moyen âge et dans les temps modernes, n'entrait pas dans le cadre des idées romaines. Question internationale, elle ne se posait pas sous l'impérialisme césarien. L'Empire romain avait une situation supérieure en ce sens qu'il ne traitait sur un pied d'égalité aucun Etat barbare. Le droit romain était universel, et les rapports internationaux n'exerçaient que rarement une influence sur son évolution. Chose à remarquer, les règles que les Romains appelaient : du droit des gens ne dérogeaient pas aux principes de la loi nationale : étaient *juris gentium* les règles reconnues par tous les peuples, les règles communes à toutes les sociétés humaines. De là, la longévité surprenante de certaines règles du droit des gens formulées par le droit romain. Issues de principes très simples, elles persistaient, suppléant aux lacunes de la législation médiévale, lors même que les règles du droit civil romain avaient perdu leur force légale. Le problème de la mer territoriale ayant été étranger au droit romain, c'est en les défigurant qu'on est arrivé à faire entrer dans cette discussion les conclusions d'un droit universel. L'influence du droit romain sur l'évolution de la notion de la mer territoriale n'en fut pas moins extraordinaire. Dans la discussion sur les questions de la mer, les règles du droit romain ont eu une place, parfois prépondérante, jusqu'à la fin du XVIIIe siècle. Il est donc, à plusieurs points de vue, utile de déterminer la portée exacte des règles romaines sur l'usage de la mer.

lus Aretinus, Johannes Faber, Accursius. Ce n'est qu'au XVIe siècle qu'une autre interprétation a été préférée (Connanus, *Commentaria juris civilis,* liv. 3, chap. 2, fol. 134).

C'était, depuis Gaius, une règle du droit romain qu'une île surgissant dans la mer appartenait au premier occupant : *nullius enim esse creditur* (1). Par là, Gaius avait implicitement admis que la mer était une chose commune, plus nettement encore que ne l'étaient, par exemple, les fleuves publics ; car les îles qui venaient à se former dans un fleuve public revenaient, d'après certains principes énoncés par Gaius lui-même, aux propriétaires riverains (2). Celse a le premier, semble-t-il, parmi les jurisconsultes romains formulé la thèse du libre usage de la mer : *maris communem usum omnibus hominibus* (3). Il compare la liberté de la mer à la liberté de l'air ; il assimile, à l'égard de l'usage, la mer et le rivage de la mer : des môles construits dans la mer appartiennent à celui qui les a fait construire. Mais la construction n'en doit pas être permise si l'usage de la mer ou du rivage est, par là, empêché. En ce qui concerne les constructions dans la mer, Pomponius (4) et Ulpien (5) se prononcent dans le même sens que Celse. Ulpien se fait l'interprète d'une opinion déjà formulée par Pomponius et par d'autres jurisconsultes encore, à savoir que le propriétaire d'un immeuble donnant sur la mer ne peut interdire à qui que ce soit de pêcher même à proximité immédiate de sa maison (6). Ulpien répète la formule de Celse déjà passée en axiome : *et quidem mare commune omnium est et litora, sicut aër*. Il a été décidé maintes fois, dit-il, qu'on ne saurait défendre à personne de pêcher dans la mer. La mer, ajoute-t-il, est, par sa nature, ouverte à tout le monde ; ce qui n'empêche pas, par exemple, que deux personnes faisant un contrat de vente d'une propriété y pourront insé-

(1) Dig. 41, 1, 7, § 3, reproduit Inst. 2, 1, 22.
(2) Dig. 1, 8, 4, § 1 ; Inst. 2, 1, 2.
(3) Dig. 43, 8, 3, § 1.
(4) Dig. 41, 1, 30, § 4 ; 41, 1, 50.
(5) Dig. 43, 8, 2, § 8.
(6) Dig. 47, 10, 13, § 7 ; 43, 8, 2, § 9.

rer une stipulation obligeant l'acheteur et ses successeurs à ne pas faire la pêche en dehors d'une propriété voisine retenue par le vendeur (1). D'autre part, le jurisconsulte Paul est d'avis qu'on peut, par un contrat privé, se réserver un droit exclusif à l'usage de la mer (*maris proprium jus*), probablement en obtenant, à son propre profit, une renonciation de la part des personnes qui seraient autrement, de fait, les mieux placées pour faire usage du droit en question : droit de pêche ou autre (2). Marcien, qui, dans la formule reproduite par les Institutes de Justinien, déduit la liberté de la mer du droit naturel (*naturali jure*), se sert ailleurs de cette expression pour lui équivalente : la mer est *juris gentium* (3). Chose commune à tout le monde, la mer relevait, en vertu de cette qualité même, du droit des gens : preuve topique de ce que je disais tout à l'heure sur le véritable caractère des règles du droit romain dites *juris gentium*.

Une question a été agitée au XVIIe siècle par les partisans du *Mare liberum* et du *Mare clausum*,— par Grotius lui-même et plus spécialement par Selden. Le droit au libre usage de la mer appartenait-il, selon les jurisconsultes romains, à tous les peuples sans exception, ou seulement aux sujets de l'Empire romain ? Il faut avouer que la question ne peut être aussi aisément résolue qu'il paraîtrait au premier abord, et qu'en dépit de la terminologie tranchante des textes cités, on pourrait invoquer des arguments en faveur de l'opinion

(1) Dig. 8, 4, 13.

(2) Dig. 47, 10, 14. Les glossateurs et postglossateurs (par exemple, Angelus de Perusio) pensent, au contraire, qu'il s'agit ici d'un privilège de l'Empereur (*privilegio Cæsaris*) ou d'un usage immémorial (*longa consuetudine*). Cette interprétation correspond, paraît-il, mieux à l'état de choses au moyen-âge qu'à la jurisprudence romaine.

(3) Dig. 1, 8, 4 ; Inst. 2, 1, 1. Commentant ce dernier texte, Angelus Aretinus constate que *ius naturale* et *ius gentium* signifient ici la même chose.

de Selden et de ceux qui après lui ont soutenu que ce droit ne revenait qu'aux sujets romains.

A vrai dire, la terminologie du droit romain n'est, sur ce point, ni tout à fait claire, ni rigoureusement conséquente. D'une part, le rivage de la mer, *litus*, est, au même titre que la mer elle-même, qualifié de chose commune à tout le monde (1). D'autre part, des jurisconsultes comme Celse (2), Neratius (3) et Ulpien (4) énumèrent le *litus* parmi les choses appartenant au peuple romain, les choses publiques. La mer serait-elle, comme le rivage, une chose publique dans le sens donné à ce terme par le droit romain ? On serait d'autant plus porté à le croire que la pêche dans les fleuves et ports publics est, à son tour, dite chose commune à tout le monde (*omnibus commune*). La pêche dans la mer serait-elle commune dans ce même sens, c'est-à-dire publique, appartenant au peuple romain ?

Evidemment, les jurisconsultes romains ne distinguent pas toujours avec netteté les termes *communia* et *publica*. Cela est manifeste surtout dans ce sens qu'ils parlent parfois de choses communes voulant, à y regarder de plus près, parler de choses qui appartiennent au peuple romain. Mais, ici, la signification plutôt populaire du terme *communia* apparaît quand on compare entre eux les différents textes. La mer, au contraire, est toujours désignée comme *commune* ou *juris gentium* ; jamais un texte ne lui a attribué la qualité de *publicum*. Force est de conclure qu'il y a là une différence. La mer n'est pas, comme les fleuves ou les ports, une chose publique, appartenant au seul peuple romain ; elle appartient ou, pour mieux dire, elle reste ouverte à une plus grande communauté : à l'humanité

(1) Inst. 2, 1, 1.
(2) Dig. 43, 8, 3.
(3) Dig. 41, 1, 14.
(4) Dig. 39, 2, 24.

tout entière. La mer, est-il dit, est libre comme l'air. C'est que la mer est, sous ce point de vue, considérée comme unité, de même que l'air est un partout. Un étranger est libre de respirer l'air partout où il se trouve en Italie : le droit romain ne refusait pas non plus à l'étranger l'usage de la mer. Il ne s'en suivait toutefois pas que tout étranger fût admis à faire usage de la mer. Il y avait des étrangers qui se trouvaient en dehors de tout droit, même en dehors du droit appelé par les Romains droit des gens. Les ennemis du peuple romain (*inimici populi Romani*) ne participaient pas aux privilèges offerts par les lois romaines à ceux qui étaient placés sous leur protection. A plus forte raison, les pirates, ennemis du genre humain (*inimici generis humani*), n'avaient pas le droit de se réclamer du libre usage de la mer.

Sauf ces réserves qui s'expliquent, l'usage de la mer était libre même pour les étrangers qui n'étaient pas sujets de l'Empire romain. Sur ce point il faut donc donner raison à Grotius plutôt qu'à Selden. Mais une nouvelle question se pose : l'Etat romain n'avait-il pas des droits sur la mer ? L'usage en restant libre à tout le monde, l'Etat s'était-il désintéressé de ce qui se passait sur la mer ? Nullement. L'Etat romain revendiqua pour lui le droit qui, d'après sa nature, constituait un droit exclusif, de protéger la navigation contre les pirates ; comme preuve, on peut citer les pouvoirs très étendus donnés à Pompée lorsqu'il fut chargé de mettre fin aux pirateries dans la Méditerranée. Et pour revenir à la juridiction ordinaire, les autorités romaines, en dernière instance le préteur, veillaient à ce que personne n'agît de manière à contrarier l'usage général de la mer. Qu'un particulier s'avisât d'interdire la pêche devant sa propriété ou qu'il fît élever des constructions gênant le libre usage de la mer et du rivage, le préteur prenait sur requête des mesures légales en faveur du public. La mesure ordinaire était, en tels cas, l'*actio injuriarum* :

le conflit, en d'autres termes, était d'intérêt public. Bref, l'Etat exerçait ce qu'on appelait, dans la terminologie du moyen-âge, la juridiction et la protection sur mer (1). Mais cette compétence de l'Etat n'était nulle part définie ; et les autorités romaines auraient pu, si l'envie les en avait pris, entraver en bien des cas la liberté de la mer.

La tendance générale les portait, toutefois, vers les solutions libérales. L'esprit romain était profondément imbu du sentiment si bien exprimé par Senèque : *Commune bonum erat patere commercium maris, et regnum humani generis relaxari* (2). L'état du droit maritime romain démontre que la mer était non seulement considérée comme une chose *juris gentium*, c'est-à-dire commune, mais, encore, comme une chose régie par des lois essentiellement internationales. La fameuse décision de l'empereur Antonin le Pieux en offre, à mon avis, la preuve concluante (3). Des marins naufragés avaient été pillés par la population des Cyclades. L'Empereur, qu'ils priaient d'adresser une injonction aux autorités locales, leur répondit : « Je suis maître du monde, mais la loi régit la mer. L'affaire doit être jugée d'après la loi rhodienne, si cette loi n'est pas en conflit avec les lois publiées par nous ». Sans entrer dans la discussion des différentes interprétations données à cette décision épigrammatique, on ne serait peut-être pas loin de la vérité en supposant les motifs suivants : les affaires de la mer, c'est-à-dire de la navigation et tout ce qui s'y rapporte, sont complexes, mettant en jeu les intérêts de différentes nations, parfois même de nations qui ne sont pas soumises à l'empire romain ; il est difficile de trancher ces questions à Rome ;

(1) Le glossateur Placentinus (au XIIe siècle) disait : . . . . *Littoraque enim et maria dicuntur tantum populi Romani... Sed hoc intelligo quantum ad iurisdiccionem* (*Commentaires*, Inst. 2, 1, 1 ; Bibl. Nat., Dép. des Man., Cod. Lat. 4441).

(2) *De beneficiis*, 4, 8.

(3) Dig. 14, 2, 9.

mieux vaut s'en tenir aux lois et coutumes qui sont observées sur mer, de temps immémorial, par les navigateurs de toutes nationalités. Le rôle assigné par l'empereur Antonin à la loi rhodienne correspond au rôle joué plus tard, sous d'autres conditions générales, par les lois maritimes internationales, telles que les Rooles d'Oléron, le Consulato del Mare, les lois de Visby. Le caractère international des affaires maritimes a donc été reconnu dès l'époque romaine, et même auparavant.

Rome était maîtresse de la Méditerranée et même de certaines parties des mers extérieures. Le panégyriste Denys d'Halicarnasse a dit que la domination romaine s'étendait sur l'Océan en dehors des colonnes d'Hercule aussi loin que la mer était navigable (1). Avec une légère modification, on devrait peut-être dire que l'empire romain s'étendait sur les mers extérieures aussi loin que rayonnait la navigation côtière romaine. Mais là où finissait l'empire maritime de Rome ne commençait pas ce qu'on appelle dans la terminologie d'aujourd'hui la mer libre. Là, c'étaient des mers soumises à la domination de nations étrangères, ou bien la haute mer (*mare altum*, *mare vastum*), en opposition à la mer côtière. Les Romains ne connaissaient ni ne pouvaient connaître le terme *mare liberum*, parce qu'ils ne possédaient pas la notion opposée, celle de la domination exercée par l'Etat côtier sur une partie limitée de la mer littorale.

(1) *Antiquitatum Romanarum lib.* 1, 3.

II

LA MER TERRITORIALE DANS LE DROIT ITALIEN DU MOYEN-AGE

Les Romains avaient exercé la juridiction et la protection sur toutes les mers faisant partie du monde civilisé. Les conditions matérielles d'un tel empire maritime disparurent complètement avec la décadence progressive de l'Etat romain. Les Etats particuliers qui, au moyen-âge, se disputèrent la succession des Césars, ne prétendaient point au partage de leur empire maritime. D'autre part, le libre usage de la mer érigé en principe incontestable par le droit romain pouvait bien subsister à travers les vicissitudes du temps. Ce principe n'exigeait point la persistance de certaines conditions matérielles. Aussi fut-il, comme le démontre l'histoire, conservé à peu près intact par les systèmes juridiques du moyen âge. Mais l'exercice de l'autorité sur mer, intermittent, resta longtemps en dehors de toute réglementation législative.

L'empire d'Orient était, à certains égards, dans une situation particulière. A Byzance, la pêche maritime et la distillation du sel faisaient originairement partie du patrimoine de l'Etat (1). On se rappelle, du reste, que dans le monde hellénique, le droit de pêche était fréquemment, avant le temps des Romains, le privilège des temples et d'autres institutions publiques (2). Ce régime pour ainsi dire byzantin supprimé, du moins en principe, par le droit ro-

(1) Aristote, *Oikonomia*, 2, 2, 3.

(2) Voir p. 2-3.

main, s'est de nouveau affirmé après la séparation de l'Occident et de l'Orient. Sous le règne de l'empereur Léon (886-911), le droit de pêcher avec des engins fixes fut, jusqu'à une certaine distance du rivage, réservé aux propriétaires riverains. Le législateur byzantin alla même jusqu'à déclarer contraire à la nature des choses la disposition du droit romain qui frappait d'une peine le propriétaire qui interdisait aux étrangers de pêcher près de sa maison (1). Rentrant entièrement dans le domaine du droit privé, la législation léonienne ne pouvait former le point de départ de règles sur la mer territoriale proprement dite. Toutefois, dans l'Empire byzantin, auquel succéda l'Empire ottoman, une jurisprudence se développait, réservant la pêche côtière, y compris celle du corail et des perles, aux seuls nationaux à l'exclusion des pêcheurs étrangers. Lorsque les Français jetèrent, au XVIe siècle, les bases de leur situation privilégiée dans le Levant, ils eurent soin de se faire octroyer la liberté de pêcher et de ramasser du corail, etc., dans les eaux algériennes et tunisiennes (2). Le Sultan des Ottomans se proclama le maître de la Mer Blanche (c'est-à-dire de la Mer Egée) et de la Mer Noire. Mais ni la jurisprudence byzantine ni la jurisprudence ottomane n'exercèrent une influence sensible sur l'évolution de l'idée de la mer territoriale en Occident.

C'est aux villes maritimes de l'Italie, chefs-lieux du commerce et de la navigation, foyers d'initiatives fécondes en maintes branches de la jurisprudence internationale, qu'il faut faire remonter les premières tentatives qui se produisirent au moyen-âge d'établir, sur une base légale, l'exercice des fonctions d'autorité sur mer. Ayant consolidé au XIIIe et au XIVe siècles leur puissance maritime à l'encontre

(1) Novelle 56 ; voir aussi les novelles 57 et 104.

(2) Traité entre le sultan Achmet et Henri IV du 20 mai 1604, article 21, confirmant des libertés précédemment accordées.

des pirates sarrazins et des Etats chrétiens leurs rivaux, les citoyens de ces villes crurent nécessaire de justifier en droit les fonctions qu'ils avaient déjà de fait l'habitude d'exercer sur mer. Or, la jurisprudence italienne du moyen-âge était trop soumise au droit romain pour qu'on songeât, pour régulariser l'état des choses existant, à promulguer des lois spécifiques. Il appartenait aux jurisconsultes italiens, glossateurs et postglossateurs, commentateurs du droit romain, de trouver les formules qui pouvaient établir l'accord du fait et du droit. Cette tâche n'était pas sans difficultés. Le droit romain, si réservé en ce qui concerne la juridiction sur mer, reposait, comme nous l'avons vu, sur des conditions matérielles qui n'étaient pas celles de Venise, de Gênes, de Pise. Aussi voit-on, dans cette question purement d'ordre séculier, les interprètes de la législation romaine invoquer les conclusions du droit canon !

Une glose au chapitre des élections dans le sixième livre des Décrétales fit autorité. Il s'agissait de savoir où doit avoir lieu l'élection du successeur d'un pape décédé. En règle générale, lorsqu'un pape vient de mourir dans le territoire d'une ville, les cardinaux doivent se réunir dans cette ville même pour procéder à l'élection de son successeur. Mais que décider si le décès du pape survient en mer ? La glose vient à bout de cette difficulté imaginée en déclarant que la mer soumise à l'Etat fait partie de son *districtus* (1). Il était donc, d'après les glossateurs canonistes,

(1) Voir *Liber sextus Decretalium Bonifacii VIII cum glossis* (Moguntiæ, 1473, Bibl. Arsenal, Jur. 449), chap. De electione, § Porro, v°. Territorio : ... *puto quod si (papa) moriatur in mari : cardinales debeant convenire in civitate per quam locus ille maris distringitur... et si non distringatur per aliquam civitatem, dicerem in viciniori id faciendum*. Cette glose est attribuée au canoniste Johannes Andreæ. Le glossateur canoniste Johannes Monachus écrivait : ... *maris territorio seu districtu. Nam civitates maritime in mari dicuntur habere districtum. ut dicitur mare venetorum mare ianuensium* (*Apparatus*

reconnu en principe que la circonscription ou le territoire d'une ville maritime comprenait aussi une certaine étendue de la mer. Mais cette étendue n'était point définie. Les deux principales villes maritimes de l'Italie prétendirent, Venise depuis le XIIIe siècle, Gênes depuis le XIVe siècle, à l'empire de la Mer Adriatique et du Golfe Ligurien. En l'absence de prétentions spéciales, quelle était l'étendue de la mer soumise à l'Etat riverain ?

Bartolus a Saxoferrato, le génie le plus puissant qui se soit révélé parmi les post-glossateurs italiens, créa, par une combinaison hardie, la formule heureuse qui, adoptée par la théorie et par la pratique, était encore quatre cent ans plus tard professée par les jurisconsultes italiens et espagnols. Dans son traité dit : De l'île (*De insula*), Bartole se demande si l'Etat ayant la juridiction d'un territoire limitrophe à la mer aura aussi la juridiction sur la mer, et jusqu'à quelle étendue. S'appuyant sur des textes du droit romain (1), Bartole fait à cette question générale une réponse affirmative : l'Etat riverain a la juridiction sur la mer et, à plus forte raison, sur les îles qui se trouvent dans cette mer. Du reste, c'était déjà une règle du droit romain que les îles situées dans la mer à une distance modique (*modico spatio*) d'une province faisaient, au point de vue de la juridiction, partie de cette province (2). Or, d'après Bartole, une île se trouve à une distance modique lorsqu'elle se trouve à cent milles (*per centum milliaria*) de la terre ; car à cette distance, un lieu est dit voisin (*vicinus*).

super sexto decretalium ; Bibl. Nat., Dép. des Man., Cod. Lat. 4068). Après eux, Dominicus de Sancto Geminiano, canoniste célèbre du XIVe siècle, s'explique de la manière suivante : *Appellatione territorij alicuius civitatis comprehenditur etiam mare districtum per illam civitatem* (*Lectura prima super sexto libro decretalium*).

(1) Dig. 1, 18, 13 ; Cod. 11, 12, 1.

(2) Dig. 50, 16, 99, § 1.

Il cite à l'appui de son dire un texte romain (1), confirmé, selon lui, par le droit canon, où il est déclaré qu'un lieu situé plus près qu'à deux journées de voyage n'est pas réputé éloigné (*remotus*) (2). Cent milles, c'est, cependant, moins de deux journées de voyage sur mer.

Bartole aurait pu invoquer en faveur de son assertion d'autres textes encore. La distance de cent milles était, en effet, adoptée par le droit romain comme limite légale en plusieurs cas que Bartole n'a pas relevés. Ainsi, la zone de la juridiction du préfet urbain s'étendait jusqu'à cent milles de la ville de Rome (3). Lorsqu'un ecclésiastique sécularisé avait commis des désordres, il était condamné à fixer sa demeure à cent milles de la ville dont il avait troublé la paix (4). Cette distance était donc pour le droit romain, sous certains rapports, la limite légale au delà de laquelle un lieu n'était plus considéré comme proche. Evidemment, quand on voulait limiter l'étendue de la juridiction sur mer, il fallait préférer cette distance aux autres définitions du terme *vicinus* données par d'autres textes romains et post-romains, à savoir qu'un lieu était proche lorsqu'il se trouvait à la portée de la voix humaine ou d'un jet de flèche (5).

Le but immédiat que visait Bartole en écrivant le traité *De insula*, c'était de déterminer à qui appartenait la juridiction des îles de la mer. La limite de cent milles était sur-

(1) Dig. 39, 2, 4, § 9. Ce texte ne contient aucune définition du terme *vicinus*; il s'agit d'une glose.

(2) Decretal. 1, 3, *De rescriptis*, 28.

(3) Dig. 1, 12, 1, § 4.

(4) Cod. 1, 3, 14.

(5) C'est une erreur de supposer, comme le font plusieurs auteurs modernes, que ces dernières distances n'aient jamais été proposées par les jurisconsultes italiens comme limites de la mer territoriale. Elles ont tout simplement été énumérées parmi les diverses définitions du terme « proche » (*vicinus*).

tout applicable aux îles. C'est pour ainsi dire incidemment qu'il attribue, sur l'étendue de mer comprise dans la même limite, un pouvoir juridictionnel à l'Etat riverain. Pour Bartole, le point de départ est toujours la côte d'Italie ou, à parler plus précisément, une ville maritime quelconque d'Italie : Pise par exemple. Il est donc tout naturel qu'il applique une même règle à la mer et aux îles qui s'y trouvent, surtout lorsqu'il s'agit d'une distance aussi considérable que celle de cent milles. Le mille romain et italien étant évalué à 1.478 mètres environ, la zone juridictionnelle de cent milles se chiffre, en effet, à près de 150 kilomètres. La question des îles, très importante à une époque où les frontières des Etats continentaux changeaient sans cesse sous l'influence des guerres et des combinaisons politiques, était souvent mêlée à celle de la mer territoriale par les jurisconsultes italiens du moyen-âge. A cet égard, il faut cependant distinguer les grandes îles, telles que la Sicile, la Sardaigne, la Corse, des petites îles. C'est bien entendu à ces dernières seulement que l'on appliquait, pour déterminer de quelle juridiction elles relevaient, les mêmes règles qu'à la mer.

Voyons maintenant quelle était la juridiction exercée sur mer par l'Etat riverain. Ici, encore, la parole de Bartole a eu une influence marquée sur l'évolution ultérieure. Un cas qui se présenta à Pise et qui fut soumis à l'examen de Bartole a fait époque dans l'histoire de la mer territoriale : cas qui serait simple, pour nous autres, modernes. Des pirates qui avaient pillé des navigateurs au large de la côte du territoire pisan furent pris dans le port d'une île appartenant à la république de Pise. Bartole ayant exprimé l'opinion que les autorités pisanes étaient compétentes pour connaître des crimes commis par ces pirates, ils furent condamnés à mort et décapités à Pise (1). En ter-

(1) Bartole, *Commentaires*, Dig. 5, 1, 9 ; Angelus de Perusio, *ibid.* ; Paulus Castrensis, *ibid.*, et Dig. 39, 4, 15 ; Antonius Corsettus, *Sin-*

mes plus généraux, la même opinion a été exprimée par Bartole ainsi : *Patet, quod sicut quis potest punire delinquentes in territorio suo, ita in mari adjacenti illi civitati, vel provinciæ* (1). La mer adjacente s'étendait, d'après le traité *De insula,* jusqu'à cent milles du rivage. La juridiction dont parle ce dernier traité est, en effet, surtout la juridiction criminelle. Le besoin d'une juridiction maritime exercée par l'Etat riverain s'est fait sentir tout d'abord en matière criminelle ; c'est, du reste, sur ce point que l'exercice de la juridiction devait soulever le moins d'objections de la part d'autres Etats. Au début même de l'évolution, il fallait s'arrêter là. C'est à titre exceptionnel que les Vénitiens, prétendant depuis longtemps déjà à la juridiction de la Mer Adriatique, exerçaient une compétence plus étendue sur leur mer (2). Mais, ici, la mer territoriale n'était pas non plus bornée à la distance de cent milles.

Cette dernière distance fut adoptée par la grande majorité des jurisconsultes italiens qui, après Bartole, traitèrent la question de la mer territoriale. Citons, parmi eux, Paulus Castrensis (3), Bartholomæus Cæpolla (4), Felinus Sandeus (5), tous du xv° siècle. Le seul dissentiment qui soit à noter émanait d'Angelus de Perusio, le frère du célèbre Baldus de Ubaldis. Selon lui, un crime commis sur mer devait être puni par les autorités de l'Etat riverain le plus

gularia, v° Jurisdictio. Par suite de la divergence des relations citées, on ne peut voir clairement si l'avis de Bartole était fondé sur ce que les crimes avaient été commis sur mer près du territoire pisan, ou sur ce que les pirates avaient été pris dans le port d'une île appartenant à Pise.

(1) *Commentaires,* Cod. 11, 12, 1.

(2) Bartole, *Commentaires,* Dig. 47, 10, 13, § 7.

(3) *Commentaires,* Dig. 39, 4, 15.

(4) *Tractatus de servitutibus rusticorum prædiorum,* chap. 26, *De mari.*

(5) *Commentaires,* Décr. 1, 3, 35.

proche, même si le lieu du crime était très éloigné de la terre, pourvu qu'il ne fût plus proche d'aucune autre place de juridiction (1). L'opinion d'Angelus eut, parmi les jurisconsultes du XVe et du XVIe siècle, des partisans nombreux : très souvent ils la désignaient comme la seule alternative opposable à l'opinion de Bartole. Dans la pratique, c'était la limite de cent milles qui faisait loi. Seulement, lorsqu'un point de la mer se trouvait à une distance moindre de cent milles de deux Etats en même temps, la juridiction y appartenait, de l'avis unanime des jurisconsultes, à l'Etat le plus proche, à moins qu'il n'existât une coutume contraire comportant un partage à distance inégale ou une communauté de juridiction (2).

Il y a des traces d'une jurisprudence différente, restreinte toutefois, à ce qu'il paraît, au royaume des Deux-Siciles. Un jurisconsulte de Syracuse, Guillaume de Perno (commencement du XVe siècle), déclara que la mer appartient au souverain de la terre voisine aussi loin qu'on peut voir dans la direction de la mer (3) : règle d'ailleurs inconnue, que je sache, dans les pays méditerranéens, et dont l'introduction ne saurait être due qu'aux fondateurs normands du royaume des Deux-Siciles. Il est peut-être permis de revoir la même influence normande dans une autre règle de la jurisprudence sicilienne, à savoir que la juridiction maritime s'étend sur terre jusqu'à la portée d'un jet de flèche du rivage (4), le jet

(1) *Commentaires*, Dig. 5, 1, 9 : *Etiam si illa maris particula esset valde remota, si tamen nulli alii loco terrestri esset propinquior ubi exercetur imperium* ; Dig. 47, 10, 13. Angelus fut suivi par Johannes de Platea (*Commentaires*, Cod. 11, 12, 1) ; Jason (*Annotationes ad Christophori Portii Commentarios*, Inst. 2, 1), etc.

(2) Angelus de Perusio, *Commentaires*, Dig. 47, 10, 14 ; Cæpolla, *loc. cit.*

(3) Marino Freccia, *De subfeudis*, p. 119 : *dicit G. de Perno in suo opere feudali... quod mare est domini territorij, quantum quis potest videre intra mare...*

(4) Freccia, *ibid.* : dans les concessions féodales, les rois se réser-

de flèche jouant un rôle important comme limite légale dans les systèmes juridiques de l'Europe septentrionale au moyen-âge.

La juridiction maritime de l'Etat riverain reconnue par Bartole s'appliqua, comme je viens de le dire, surtout aux crimes commis sur mer. Baldus de Ubaldis, célèbre jurisconsulte de l'école italienne, fit le premier de sérieux efforts pour définir d'une manière générale la nature de la juridiction exercée par l'Etat sur la mer territoriale. La mer, dit Balde, suivant en cela l'expression d'une glose, est commune en ce qui concerne l'usage ; la propriété n'en appartient à personne; la juridiction appartient à l'Etat souverain. Et, continuant, il déclarait : « Ainsi ces trois choses sont différentes, la propriété, l'usage, la juridiction et protection » (1). Abordant la question scolastique de savoir si la mer faisait partie du *territorium*, ou seulement du *districtus*, de l'Etat, il finit par déclarer que c'est la même chose : car le territoire s'étend aussi en mer (2) ; et la mer fait partie du territoire de l'Etat le plus proche (3). La mer est mesurable (4) ; et, le cas échéant, la question des frontières en mer de deux Etats limitrophes pourra

vaient *possessio, dominium, ius et proprietas totius lictoris et maritime pertinentiarum ipsarum in quantum a mari infra terram per iactum baliste dictæ pertinentie protenduntur, quam maritimam per homines nostri demamij volumus custodiri.*

(1) *Commentaires*, Dig. 1, 8, 2 : ... *dic quod* (*mare*) *est commune quo ad usum, sed proprietas est nullius... sed iurisdictio est Cæsaris, et sic ista tria sunt diversa. s. proprietas usus iurisdictio et protectio.* Jacobus de Ravenna, cité par Baldus, dit : (*mare*) *in nullius dominio est. nempe in dei dominio* (*Commentaires*, ibid.).

(2) *Commentaires*, Décr. 2, 6, *Ut lite non contestata*, 2 ; dans le sens contraire, voir *Commentaires*, Décr. 2, 19, *De probationibus*, 9, et Feud., *quæ sint regalia.*

(3) *Commentaires*, Cod. 6, 25, 8 : *Designabitur mare per terram propinquam, cui magis mare adiacet et sub qua distringi consuevit.*

(4) *Commentaires*, Décr. 2, 6, 2.

bien, d'après Balde, être tranchée judiciairement : c'est-à-dire, se hâte-t-il d'ajouter, il faut qu'il s'agisse de la seule juridiction maritime ; l'eau de la mer ne saurait être la propriété de personne. Mais, comme il est dit dans la Genèse que le Saint-Esprit planait sur les eaux, ainsi la juridiction de l'Etat plane sur la mer (1). D'autre part, Balde ne parle que très sommairement des droits divers exercés par l'Etat côtier sur la mer territoriale. Il reconnaît cependant à Venise et à Gênes le droit, fondé sur un usage immémorial, de lever des impôts sur les navires passant par leurs mers (2).

Pareil droit fut plus tard, au XVIe siècle, revendiqué par le duc de Savoie à l'égard des navires marchands traversant la mer de Nice (*Mare Nicenum*). Le Sénat piémontais décida, sur l'autorité de Bartole, Paulus Castrensis, Angelus, etc., que tout navire passant à une distance de cent milles de la côte de Savoie était soumis au paiement de l'impôt (3). La même opinion fut plus tard adoptée par le Sénat suprême de l'Italie (4). L'impôt, dont le prélèvement donnait lieu à des différends avec la France et avec les marchands étrangers en général, fut abrogé vers le milieu

(1) *Commentaires*, Décr. 2, 19, *De probationibus*, 3.

(2) *Commentaires*, Dig. 1, 4, 3 ; cfr. *Commentaires*, Cod. 4, 33, 3. Balde ne s'est nulle part prononcé sur l'étendue de la mer territoriale. L'auteur français Jean Bodin, dans son livre *De la République* (1577, liv. 1, chap. 10, *in fine*), cite à propos de la juridiction maritime de l'État côtier, le commentaire de Balde sur Cod. 4, 33, 3 ; suivant en cela la doctrine générale, Bodin assigne à la mer territoriale une étendue de 30 lieues. La traduction latine de ce livre (1582) ayant reproduit les 30 lieues de l'édition française par 60 (au lieu de 100) milliaria, cette erreur a amené Selden (*Mare Clausum*, liv. 1, chap. 10) et après lui la plupart des auteurs, à penser que Balde aurait assigné à la mer territoriale une étendue de soixante milles (voir tout récemment encore Fulton, p. 540).

(3) Cacheranus, *Decisio* 155, § 2 (p. 444-445).

(4) Tapia, *Decisio* 22 (p. 344 et suiv.).

du XVIIe siècle (1). En sa faveur, on alléguait surtout que la répression des pirateries occasionnait, pour le duc de Savoie, de fortes dépenses qu'il était en droit de se faire rembourser moyennant un impôt (2). C'est peut-être là aussi l'origine des droits de passage imposés par d'autres Etats aux navires qui circulaient par leurs mers sans faire escale dans leurs ports. A Venise, toutefois, une considération de politique commerciale s'y est évidemment mêlée, les navires passant par sa mer étant obligés de porter leurs marchandises en territoire vénitien (3). Reste, en fin de compte, ce fait incontestable que les impôts levés sur les navires voguant au large d'un territoire étaient, dans l'opinion générale, justifiés par les efforts que l'Etat riverain faisait pour supprimer la piraterie et les faits de violence sur mer. Il existait donc une connexion évidente entre la juridiction maritime en matière criminelle attribuée par Bartole à l'Etat riverain, et les impôts sur la navigation introduits par les Etats maritimes de la Méditerranée. L'établissement d'impôts sur la navigation, conséquence plus ou moins directe de la juridiction maritime, répugnait d'autant moins au droit impérial qu'on s'était partout, comme disait Balde (4), émancipé de la règle primitive

(1) De La Roncière, IV, p. 398-399. Copies de documents échangés à ce sujet en 1633 entre le Duc de Savoie et les autorités françaises se trouvent à la Bibl. Nat., Dép. des Man., Fonds Français 17. 863, fol. 179 et suiv.

(2) Belloni, *Consilium* 14 § 39 (p. 115). Tapia, *loc. cit.* De pareils arguments ont été employés en d'autres pays pour justifier des impôts à la navigation et, parfois, à la pêche : voir la justification offerte, en Portugal, pour la dîme dite *decima nova* (Cabedo, part. 2, *Decisio* 54, § 3). Plusieurs auteurs en ont fait une règle générale : voir les auteurs cités par Tapia (notamment Henricus Hostiensis, *Summa*, liv. 3, *De censibus*, § 10, fol 223).

(3) Bartholomæus a Saliceto, *Commentaires*, Cod. 4, 33, 3 ; Johannes Bertachinus Firmanus, *Tractatus de gabellis*, 1, 7.

(4) *Commentaires*, Dig. 1, 4, 3.

réservant à l'Empereur ou au Pape le pouvoir d'introduire de nouveaux impôts.

Il était beaucoup plus difficile de restreindre en quoi que ce soit la liberté de la pêche maritime. On heurtait ici un principe nettement établi par le droit romain. On doutait même qu'un état de choses contraire à la liberté de la pêche pût être maintenu en invoquant l'usage immémorial. D'après les opinions les plus autorisées, celle de Bartole par exemple, il ne pouvait être dérogé à une règle du droit des gens ni par prescription ordinaire, ni par usage immémorial. D'autre part, la pratique était plutôt conforme à l'opinion exprimée par Jacobus de Ravenna (1) et Angelus de Perusio (2) et reprise, dans une magistrale étude, par le jurisconsulte espagnol Carolus Ruinus (au commencement du XVIe siècle) (3). D'après ces jurisconsultes, une pêcherie maritime pouvait être le privilège exclusif de certains ayants droit sous cette condition que ceux-ci eussent été en possession de la pêcherie de temps immémorial et en eussent interdit l'usage à d'autres pêcheurs. C'est à ces deux conditions seulement qu'on parviendra, d'après Ruinus, anticipant sur la terminologie consacrée récemment par M. de Lapradelle (4), à imposer pareille « ser-

(1) *Commentaires*, Inst. 2, 1, 1 (Bibl. Nat., Dép. des Man., Cod. Lat. 14.350, fol. 153 *a*).

(2) Voir, au sujet de la pêche réservée aux Vénitiens dans l'Adriatique, *Commentaires*, Dig. 44, 3, 7 ; cfr. *Commentaires*, Dig. 41, 3, 45, et *Consilia*, 290 (*Thema est tale*).

(3) *Consilia*, vol. 1, n° 28. Bien que le cas traité par Ruinus ne relève pas du droit des gens (il s'agissait d'un privilège royal pour les comtes de Guzman de pêcher le thon sur une partie de la côte espagnole, indûment élargi), les arguments allégués par lui s'appliquent aussi bien aux questions analogues du droit international. Les mêmes arguments chez Vasquius, 1, 2, 89, § 38 ; Meurer, fol. LXI *b* ; Stephanus Bertrandus, *Consilia*, vol. 3, 2, n° 69, § 11 (p. 449).

(4) *Le droit de l'Etat sur la mer territoriale*, *Revue générale de droit international public*, 1898, p. 264 et 309.

vitude » à la mer. Comme le démontrent les exemples cités par les auteurs, les droits exclusifs de pêche ne s'appliquaient guère qu'à la pêche du thon et de quelques autres espèces de poisson particulièrement recherchées (1), dont la capture se faisait au moyen d'engins fixes, à certaines places ou à des époques déterminées. En tout cas, il n'y avait donc lieu à reconnaître que dans une mesure très restreinte les droits exclusifs de pêche maritime (2). Sur d'autres points encore le système romain n'était pas maintenu dans toute sa rigidité : ainsi, les propriétaires d'immeubles donnant sur la mer s'étaient arrogé le droit d'interdire la pêche en face de leurs maisons (3).

Sous l'influence des idées féodales, la théorie arriva, avec quelque difficulté, à reconnaître, qu'à certaines conditions l'Etat côtier avait le droit de lever des impôts sur les pêcheries. Ces impôts, connus en droit féodal sous le nom de *piscariæ* (*redditus piscationum*), étaient, comme les impôts sur la navigation maritime, étroitement liés à l'exercice de la juridiction. Ils pouvaient, au fond, paraître acceptables même aux partisans les plus intransigeants de la liberté de la pêche (4). Seulement, les jurisconsultes étaient d'accord pour réclamer que le prélèvement de l'impôt fût sanctionné par l'usage ou par le consentement des contribuables (5). Le droit de frapper d'impôts les pêche-

(1) A Gênes, les mugiles, Burgus, p. 248 ; en Portugal, les cavalôes, Cabedo, *loc. cit.*, § 1.

(2) Les droits exclusifs de pêche réclamés par certains Etats, Venise, par exemple, étant traités sur le même pied que les droits exclusifs des particuliers, ce que je viens de dire s'applique également aux questions internationales.

(3) Angelus de Perusio, *Commentaires*, Dig. 47, 10, 13, traite cette prétention d'usurpation illégale et contraire au droit des gens. Jacobus Cuiacius, *Observationum lib.* 14, tome 4, col. 325, cite au contraire la novelle 56 de Léon (voir p. 11-12), comme preuve de la légalité de la prétention.

(4) Suarez, *Consilium de usu maris* (*allegatio* 17).

(5) Andreas de Isernia, v° *Redditus piscationum*, p. 779 ; Alvaro-

ries maritimes ne résulta donc pas immédiatement de la juridiction sur la mer territoriale.

Tel était, dans ses grands traits, le système juridique élaboré, au sujet de la mer territoriale, par les jurisconsultes italiens du moyen-âge. Ce système essentiellement de droit civil, s'appliquait, généralement du moins, aussi aux questions relevant du droit des gens. Il était calqué autant que possible sur les maximes du droit romain. Il se rattachait toutefois également au droit féodal et au droit canon. Par ces derniers côtés, il touchait à deux théories qui en pouvaient troubler son évolution normale : c'étaient les théories de la suprématie temporelle du Saint-Empire romain-germanique et de la suprématie spirituelle et temporelle du Pape.

La suprématie de l'Empereur tenait une place très importante dans la doctrine de Bartole ; aussi en tirait-il la conséquence en matière de juridiction maritime. A l'Empereur appartenait, d'après lui, la juridiction des îles situées à plus de cent milles du rivage, ce qui, dans sa terminologie, implique la juridiction sur mer en dehors de la même limite (1). Bien que cette théorie s'appuyât sur un principe aussi incontestable en droit romain qu'en droit féodal, elle ne parvint pas à s'imposer à la jurisprudence. Parmi les grandes puissances navales méditerranéennes, les royaumes de France et d'Espagne et la république de Venise répudiaient la suprématie temporelle de l'Empereur. D'autre part, la concession impériale fut, le cas échéant, invoquée par Gênes désireuse de montrer le bien-fondé de ses prétentions à l'empire du Golfe Ligurien (2). L'obstacle le plus sérieux à la reconnaissance de la thèse de Bartole et de Cæpolla, c'était toutefois l'absence totale, ou presque, d'une flotte impériale. Les apologistes mêmes de la suprématie

tus, *ibid.*, fol. 280 ; H. Montanus, *ibid.*, p. 1293 ; Fragosus, part. 1, liv. 3, disp. 5, § 13.

(1) *Tractatus de insula.* Voir aussi Cæpolla, *loc. cit.*

(2) Burgus, p. 239-240.

impériale n'insistèrent pas longtemps sur la juridiction maritime de l'Empereur.

Le Pape était, au fond, mieux armé que l'Empereur pour faire sentir son influence à ce sujet. Princes temporels, les souverains pontifes accordèrent, paraît-il, par une grâce spéciale, aux citoyens de la ville de Rome le droit de pêcher sur les côtes des Etats de l'Eglise (1). Ils frappèrent d'excommunication les pirates qui parcouraient la mer dite de l'Eglise depuis Monte Argentario jusqu'à Terracina (2). Cette arme de l'excommunication était encore à leur disposition, lorsqu'il s'agissait de soutenir dans leur possession les seigneurs qui avaient reçu des avantages temporels en récompense de services rendus à la cause de l'Eglise. C'était pour de tels services que le Pape Alexandre III aurait, d'après la tradition, donné au doge de Venise l'anneau d'or qui plus tard symbolisa l'union indissoluble de la ville des lagunes et de la mer Adriatique.

Dans les dernières années du moyen-âge, la papauté fit valoir, dans des conditions bien remarquables, sa suprématie dans cette question temporelle de la détermination du droit de juridiction sur la mer. Les rois du Portugal avaient acquis par les découvertes des navigateurs portugais de vastes possessions en Afrique et dans les archipels de la mer des Indes ; les Papes leur confirmèrent à plusieurs reprises ces acquisitions coloniales, en y comprenant les mers adjacentes (*maria adjacentia*) (3). Dans les

(1) *Statuta Urbis Romæ* (éd. Rome, 1491 ; Bib. Mazarine, xve, 909), liv. 1, rubr. 142 (146) : *Quilibet civis Romanus et de eius districtu possit libere piscari in cursu fluminis et in mari et in aliis quibuscumque locis Urbis et eius districtu et nullus impediat eos.* Rédaction un peu modifiée dans l'édition de 1611 (liv. 3, chap. 66).

(2) *Magnum Bullarium Romanum*, I, p. 507 (*in cœna domini*, 1511).

(3) Bulles des Papes Nicolas V (1454, sexto idus Januarii), Calixte III (1456, idus Martii), Sixte IV (1481, undecimo kalendas Julii), reproduites par Antunez, *De donationibus regiis*, t. 2, p. 48 et suiv.

préambules des bulles papales, l'intervention de Rome était motivée par le souci qu'apportait le souverain Pontife à assurer la propagation de la foi chrétienne dans les terres nouvellement découvertes : les rois du Portugal y ayant, de leur côté, mis beaucoup de zèle, il était juste, et il était de l'intérêt même de l'Eglise, qu'ils pussent jouir en tranquillité des fruits de leurs entreprises et de leurs dépenses. A peine les découvertes de Christophe Colomb étaient-elles connues en Europe, que le Pape Alexandre VI, en sa qualité de vicaire de Jésus-Christ, concéda au roi d'Espagne, au nom duquel la découverte avait été faite, la pleine propriété de toutes les terres et îles découvertes ou à découvrir à l'ouest d'un méridien tiré à 100 lieues à l'ouest des Açores et des îles de Cap Vert. Par la même bulle, du 4 mai 1493, il était interdit, sous peine d'excommunication, de visiter les dites terres et îles sans l'autorisation préalable du roi d'Espagne (1). Les dispositions de cette bulle furent modifiées quelque peu en faveur du Portugal par le traité de Tordesillas du 3 juin 1494 : cet accord des deux gouvernements intéressés était plus tard confirmé par des bulles papales (2). Les confirmations ainsi données par l'autorité papale furent invoquées par les gouvernements portugais et espagnol au cours de leurs différends au sujet de la navigation des grandes mers avec les puissances occidentales : France, Angleterre, Pays-Bas.

Nous voici au seuil d'une nouvelle époque de l'histoire de l'Europe et, aussi, de l'histoire de la mer territoriale. Les jurisconsultes italiens, héritiers de la jurisprudence romaine, ne s'étaient pas occupés de la liberté des mers : cette liberté était, pour eux, un axiome. La lutte âpre des nations maritimes déchaînée par les gnd es découvertes

(1) *Cod. Dipl. Leibnitii*, t. 1, part. 1, p. 471.

(2) Bulles des papes Alexandre VI (1497, kalendas Junii) et Jules II (1506, nono kalendas Februarii), reproduites par Antunez, *loc. cit.*

du xve siècle fit perdre aux anciennes idées leur prestige traditionnel. Et alors, subitement, la liberté des mers fut mise en doute, traitée même de fantaisie scolastique. Au sujet de l'empire de la mer, des prétentions extravagantes furent formulées et, par contre, combattues avec un acharnement violent. Le conflit des intérêts devenant de plus en plus aigu, le système italien n'était pas de nature à satisfaire ni l'une ni l'autre partie. La limite de cent milles était trop restreinte pour ceux qui prétendaient à l'empire des océans, trop étendue pour ceux qui réclamaient la liberté complète de la mer. Le centre de l'évolution gravitait, du reste, de la Méditerranée vers les mers occidentales. Les règles qui s'étaient développées dans la jurisprudence des pays occidentaux prirent leur place dans les usages internationaux à côté des règles italiennes. Dans le développement ultérieur, ce sont les règles occidentales qui eurent le dessus.

Il convient donc d'exposer ici, autant que le permettent des sources insuffisantes, comment dans les pays de l'Europe occidentale et septentrionale les théories sur la mer territoriale se sont développées jusqu'au xvie siècle.

III

LA QUESTION DE LA MER TERRITORIALE DANS L'EUROPE SEPTENTRIONALE AU MOYEN-AGE

Le problème de la mer territoriale au moyen-âge se présente sous un jour tout nouveau à l'historien qui, ayant examiné les systèmes qui ont été en faveur dans les pays riverains de la Méditerranée, tourne le regard vers l'Atlantique. La jurisprudence italienne, créée et développée par des jurisconsultes, est consignée, avec un grand luxe de détails, dans des études scientifiques ; celle de l'Europe occidentale et septentrionale, au contraire, s'entrevoit à peine, sous une forme vague, derrière les manifestations éparses du droit coutumier. En dehors de la Méditerranée, la question de la mer territoriale est, en effet, complètement négligée par les jurisconsultes indigènes et, tout au plus, touchée incidemment par la législation nationale. A en juger seulement d'après le caractère des témoignages historiques existants, on serait exposé à une espèce d'illusion d'optique : on se figurerait les règles de la Méditerranée plus précises, plus généralement reconnues qu'elles ne l'étaient en réalité, et, en revanche, on penserait à tort que les règles analogues étaient, pour ainsi dire, à peine formées dans l'Europe occidentale et septentrionale. La vérité est, cependant, que les mêmes besoins se faisant sentir dans la pratique et les mêmes difficultés s'opposant à l'établissement d'une jurisprudence uniforme, les règles sur la mer territoriale on eu à peu près autant de précision dans les deux cas ; c'est-à-dire, suivant les conditions du temps, une précision assez médiocre.

La notion de la mer territoriale, résultant des rapports internationaux, a — l'histoire le démontre — trouvé le terrain le plus propice à son développement là où les navigateurs de plusieurs nations se sont pressés dans un espace de mer comparativement restreint. Tel a été le cas dans la Méditerranée ; tel a été aussi le cas dans la Mer du Nord. Les rivages de la Mer du Nord et des mers avoisinantes, notamment la Manche et la partie occidentale de la Baltique, sont depuis les temps les plus reculés habités par des nations différentes. Dès l'antiquité, les navigateurs et pêcheurs d'un grand nombre de nations se sont, dans ces parages, trouvés en présence les uns des autres. La domination romaine n'atteignit que la rive méridionale de la Mer du Nord ; et, bien que le droit romain ait eu plus tard une influence considérable en Angleterre, il n'obtint jamais ni de l'un ni de l'autre côté de la Manche la situation prépondérante dont il jouissait, pendant tout le moyen-âge, dans les pays méditerranéens. L'obstacle que l'observation rigide des règles romaines opposa ailleurs à la formation de notions rationnelles sur la mer territoriale, fut donc presque inconnu des riverains de la Mer du Nord. En effet, plus on s'avançait vers le Nord, en Danemark, en Ecosse et en Norvège, plus l'influence des idées romaines s'effaçait dans cet ordre d'idées, au point de disparaître complètement. Dans ces conditions, il ne paraîtra pas étonnant que les premières étapes aient été franchies plus vite ici qu'en Italie, et que le principe de la juridiction de l'Etat côtier sur la mer voisine ait été établi, sans qu'on puisse assigner une date même approximative à ce fait, plus tôt dans la Mer du Nord que dans la Méditerranée.

Quand on connaît l'histoire des navigations au moyen-âge, puis l'histoire politique de l'Europe occidentale à cette époque, on ne peut s'étonner que nous devions, en exposant quel a été le développement des idées sur le régime juridique de la mer, accorder une place marquée à la jurisprudence médiévale de la Norvège et des pays qui ont subi l'influence norvégienne ou normande. Il suffira, ici, de rappeler que les norvégiens, navigateurs hardis et expérimentés, ont au moyen-âge pratiqué plus qu'aucune autre nation la navigation lointaine. Laissant la navigation côtière qui était la seule connue de leurs contemporains, ils se sont familiarisés avec la haute mer, avec ces traversées dangereuses et difficiles, de Norvège jusqu'en Islande, au Grönland, en Amérique même. Ils n'étaient pas seulement navigateurs, commerçants ou belligérants, ils étaient liés à la mer par une autre préoccupation de leur vie quotidienne, par la pèche et par la chasse des mammifères marins. Les produits de la pêche du hareng et, surtout, de la morue étaient, pour la mère-patrie, parmi les plus importants articles d'échange avec l'étranger. D'autre part, si les vikings s'instruisirent à l'étranger avec profit, comme le démontrent les puissants corps d'Etat fondés par eux, dans l'art de l'administration et du gouvernement, ils apportèrent eux-mêmes dans leurs pays d'adoption un sens judiciaire et législatif très développé. C'est en effet un trait caractéristique des anciens norvégiens que leur intérêt presque exagéré pour les questions juridiques. L'état très avancé de la législation de l'ancienne Norvège est démontré par les lois provinciales, par les codes dits de Gulathingslagen (partie ouest de la Norvège), de Frostathingslagen (partie nord), de Eidsivathingslagen et de Borgarthingslagen (partie centrale et méridionale). Par le perfectionnement de leurs institutions législatives et judiciaires, sinon par la solidité de leurs institutions gouvernementales, les anciens Norvégiens étaient en avance sur les sociétés germaniques et celtiques des parties centrales de l'Europe. Ces qualités, ils les partageaient, d'autre part, jusqu'à un certain degré, avec leurs cousins et voisins les Danois et les Suédois, bien que, dans la vie sociale de ces deux nations, les institutions gouvernementales proprement dites fussent plus développées que chez les Norvégiens.

Les codes provinciaux de l'ancienne Norvège contiennent les premiers exemples connus de la délimitation des zones juridictionnelles sur mer par « la ligne médiane », règle de délimitation qui se retrouve, au moyen-âge et même plus tard, dans la jurisprudence de plusieurs pays baignés par la Mer du Nord. Les cas traités par les codes norvégiens se rapportent au régime des successions. Le Code de Gulathingslagen dispose (art. 311) qu'à défaut d'héritiers plus prochains, dans le cas d'un décès survenant à bord d'un navire qui se trouve en mer plus près de la Norvège que de tout autre pays d'outre-mer, ou, suivant l'expression du Code, en deçà de la ligne médiane de la mer (*firi hedan mitt haf*), le Roi prendra la moitié de la succession ; l'autre moitié ira au compagnon du défunt ou bien au maître du navire. Si, au contraire, le décès survient au delà de la ligne médiane de la mer (*firi handan mitt haf*), le compagnon ou le maître aura toute la succession (1). Ainsi, d'après le Code, l'autorité royale étendait ses effets jusqu'au milieu de la mer : car la part échéant au Roi dans les successions de ses justiciables dérivait bien de l'autorité ou, pour mieux dire, de la juridiction qu'il exerçait sur eux.

Le Code de Frostathingslagen s'exprime dans le même sens, en termes plus généraux (chap. XVI, 6). Si le décès survient à l'est de la ligne médiane de la mer (*fyrir austan mitt haf*), la succession se fera d'après les règles de Frostathingslagen ; si, au contraire, le décès a lieu à l'ouest de la ligne médiane (*fyrir vestan mitt haf*) ou en Islande, les règles de succession en vigueur dans le pays [de destination] seront observées (2). Ici, la ligne médiane de la mer détermine le rayon d'action des lois norvégiennes.

Ces deux dispositions parallèles des Codes provinciaux

(1) *Norges gamle Love*, I, p. 50.
(2) *Norges gamle Love*, I, p. 210.

datent, probablement, de l'époque où les migrations norvégiennes vers les îles et pays d'outre-mer étaient encore fréquentes, c'est-à-dire du xe siècle au plus tard. Il y a, dans la législation islandaise de l'époque de l'indépendance, une disposition donnant à entendre que le même principe était connu et reconnu par les Norvégiens émigrés. Le jury (*búar*), qui était un élément de la procédure ordinaire en Islande, n'avait point compétence pour les affaires ayant leur origine à l'étranger ou à l'est de la ligne médiane de la mer (*firir austan mitt haf*) (1). C'était reconnaître d'une manière explicite que la juridiction islandaise n'avait en aucun cas à s'occuper de ce qui se passait au delà de cette limite. On serait même tenté de conclure, de l'identité des expressions employées par les textes norvégiens et islandais,à l'existence d'un accord exprès ou tacite entre les deux nations concernant le partage de la juridiction sur mer.

La règle de la ligne médiane se retrouve dans la jurisprudence anglaise de la même époque.Par un privilège de 1023, Knut le Puissant, roi d'Angleterre et de Danemark, et plus tard roi de Norvège, céda aux moines de Canterbury le port de Sandwich, avec le droit à une moitié des débris trouvés en deçà de la ligne médiane de la mer et apportés à Sandwich (2). Il s'agit, bien entendu, des débris trouvés au large de la côte de Kent, c'est-à-dire dans la partie supérieure de la Manche. Si ce droit à la moitié des débris a fait à l'origine partie de la prérogative royale, c'est qu'il a eu pour base rationnelle la juridiction supposée du roi sur la moitié la plus proche de la mer. Aussi un manuel très connu de la jurisprudence anglaise, datant de la fin du XIIIe siècle, *Le Miroir des Justices*, attribue-t-il au Roi « la sovereine seignurie de tote la terre jeqes el miluieu fil de la

(1) *Grágás, Konungsbók*, chap. 85 (p. 142).
(2) Kemble, IV, 21.

meer environ la terre » (1). La règle qui, dans la législation norvégienne et islandaise, était exprimée à l'occasion de tel ou tel cas de droit se trouve ici élevée à l'état d'un principe général délimitant la juridiction sur mer.

La règle de la ligne médiane tomba bientôt, en Norvège, en desuétude complète, tandis qu'en Angleterre la jurisprudence en conserva les traces pendant longtemps encore. Au temps de la reine Elisabeth, au XVIe siècle, les jurisconsultes anglais n'hésitèrent pas à assigner cette limite à la juridiction anglaise sur mer. C'était même la limite du droit hollandais : en termes exprès, Grotius affirme, dans son *Introduction à la jurisprudence hollandaise*, que le droit [de juridiction] de la Hollande et de la Ouest-Frise comprend la moitié de la mer (2). La mer, il faut le remarquer, est en ce cas une partie de la Manche, c'est-à-dire un bras de mer assez étroit.

La règle de la ligne médiane était, en somme, déjà en décadence dans les pays du Nord lorsque Angelus de Perusio formula, vers 1400, sa fameuse théorie, attribuant la juridiction sur mer à la terre la plus rapprochée. Les points de ressemblance que présente sa théorie avec la jurisprudence septentrionale suggèrent quelques réflexions.

La jurisprudence septentrionale n'avait pas à lutter contre la fiction juridique d'une mer sans maître, abandonnée à l'usage de tout le monde, non plus qu'avec une autre difficulté : difficulté qui était simplement de fait, le parcellement excessif, toujours changeant, des territoires adjacents à la mer. Cette jurisprudence pouvait donc procéder sans scrupules à une délimitation des zones juridictionnelles sur mer ; rien ne s'opposait à ce qu'elle donnât, dans certains cas, comme base au partage la règle de la ligne médiane.

(1) Fulton, p. 542-543.

(2) *Inleydinghe*, p. 34 : *Dat het recht van Hollant ende West Vrieslandt komt alle sints ter halve zee.*

D'autre part, cette jurisprudence tenait plus que l'école italienne compte de la nationalité des navires et des personnes. La justice royale menaçait toujours de frapper le sujet ayant commis un délit en mer et pouvait le frapper lors de sa rentrée dans la patrie (1). Inversement, la justice n'atteignait un étranger ayant commis un délit en mer que s'il se rendait volontairement dans le pays dont relevait la personne lésée, ou suivait bon gré mal gré le navire, à bord duquel le délit avait été commis, dans le pays d'origine. Le partage effectué entre les zones juridictionnelles sur mer se heurtait donc à la nationalité des navires et des personnes. Les dispositions spéciales de la législation norvégienne et islandaise s'appliquaient seulement aux navires ou personnes relevant de ces deux nationalités sœurs. Dans le système d'Angelus, au contraire, les contrats conclus et les délits commis en mer tombaient sous la juridiction de l'Etat côtier le plus prochain, indépendamment de la nationalité des navires ou des personnes (2). Si je me suis borné jusqu'ici à relever, dans les systèmes italiens, ce qui touche à la juridiction criminelle, c'est que la question de la juridiction en matière civile pouvait se poser seulement lorsque les parties contractantes n'étaient pas d'accord pour choisir leur juge ; aussi la compétence de l'Etat côtier pour juger les contrats conclus en mer n'a-t-elle jamais eu d'importance dans la jurisprudence italienne. Reste donc la juridiction criminelle ou, ce qui correspond en partie à l'exercice de cette juridiction, la protection sur mer : ainsi

(1) Voir, pour l'ancien droit norvégien, les dispositions de la loi commerciale (*Farmannalog*, art. 173) et de la loi urbaine de Magnus Lagabœter (IX, 13).

(2) *Commentaires*, Dig. 47, 10, 14 : *Quantum autem ad exercitium meri et mixti imperij et omnimode iurisdictionis contra contrahentes vel delinquentes vel quasi in mari, conclude quod illius est iurisdictio et illius est imperium ratione contractus vel quasi et delicti vel quasi cui propinquior est illa maris particula in qua negocium aut delictum factum est.*

restreinte, la juridiction de l'Etat côtier était, d'après les systèmes italiens, applicable même aux navires étrangers, la limite juridictionnelle fût-elle tracée suivant la ligne médiane ou à la distance de cent milles de la côte.

Dans la jurisprudence septentrionale, le droit de l'Etat côtier portait plus directement sur la mer elle-même. Ici, la juridiction sur mer était une espèce de souveraineté atrophiée : aussi est-ce surtout au sujet des prérogatives royales que la limite de la ligne médiane est mentionnée dans les textes anglais et norvégiens. On ne voit pas que la royauté ait jamais, dans ces pays, prétendu à une juridiction effective en matière civile ou criminelle jusqu'à la ligne médiane. Si quelquefois elle a paru cependant le faire, c'est qu'un partage s'était imposé : soit pour trancher les difficultés spéciales à une époque de migrations excessives (Code de Gulathingslagen), soit pour déterminer la compétence respective des autorités judiciaires de deux branches de la même nationalité habitant les rives d'une mer commune (Code de Frostathingslagen, Grágás). En d'autres termes, cette souveraineté de l'Etat côtier a eu le caractère d'un droit qui ne nécessitait aucun emploi des forces matérielles de l'Etat. C'est là, à mon avis, une raison qui a contribué puissamment à faire abandonner de bonne heure la limite de la ligne médiane dans la Mer du Nord.

On a comparé la limite de la ligne médiane en mer à la division des droits de propriété dans les fleuves, qui s'opérait, le plus souvent, d'après cette même ligne (1). Il n'y a toutefois aucune connexion directe entre ces deux règles de délimitation. En Islande, où les droits de propriété dans les fleuves étaient partagés suivant d'autres règles, la ligne médiane s'appliquait à la mer. La division par moitié, plus simple que toute autre division imaginable, est la seule qui ne réclame aucune entente préalable: voilà sa princi-

(1) Taranger, II, 1, p. 327.

pale raison d'être dans les deux cas, indépendants, de la mer et des fleuves. On sera, de notre temps encore, obligé d'avoir recours à la ligne médiane toutes les fois qu'il sera question de délimiter les rayons de deux droits concurrents sur mer sans qu'aucun autre principe de partage soit convenu.

Sur toutes les côtes de l'Atlantique on retrouve la même coutume séculaire réservant à la prérogative royale ou seigneuriale le droit à une part dans la capture des baleines et autres gros animaux marins : poissons royaux (*pisces regales*), ou bijoux royaux (*gersemi*), suivant une expression d'origine germanique qui a été adoptée par plusieurs langues étrangères (1). Parfois ce droit s'exerçait dans un espace de mer déterminé : c'est ainsi que, par le (faux) traité d'Angers, de 1231, Louis IX aurait accordé à Pierre Mauclerc les poissons royaux capturés dans la mer de Bretagne : *piscaturas in mari et in fluviis dulcibus sui ducatus, ... ac pisces regales in mari Britannico captos* (2). Mais le plus souvent l'espace de mer où s'exerçait le droit n'était point défini. Là où le privilège royal n'était applicable qu'aux animaux trouvés sur le rivage (en Danemark par exemple), la question ne se posa pas. Même là où le roi ou le seigneur avait droit à une part dans les animaux trouvés flottant en mer ou capturés vivants, la zone maritime, qui pouvait avoir de l'importance au point de vue du privilège, était singulièrement restreinte du fait même que ces animaux, pour être utilisés, durent être transportés à terre. Ce droit, bien qu'il eût son origine dans la souveraineté ou plutôt dans la juridiction du seigneur sur la mer, et que l'exercice en rayonnât, dans sa plus grande étendue, jusqu'aux limites mêmes de sa juridiction générale sur mer,

(1) Pour le droit anglais, voir Fulton, p. 66, 362 ; norvégien : Ræstad, p. 27-8 ; portugais : Cabedo, part. 2, *Decisio* 54 et Fragosus, part. 1, liv. 3, disp. 5, § 14.

(2) Degrassailles, p. 341 ; cf. *Le Nain de Tillemont*, II, p. 104.

n'a donc laissé que peu de traces dans l'histoire de la mer territoriale.

Nous arrivons, par cette transition, à considérer l'usage de la mer dans les anciens systèmes juridiques du Nord. L'usage de la mer, voilà un terme bien complexe; il se cache derrière ce mot, peut-être surtout lorsqu'il s'agit des mers du Nord, nombre d'utilisations différentes. Il y a la pêche aux poissons, la chasse aux mammifères marins, le repêchage du bois flottant, etc. Il y a la navigation elle-même, moyen qui permet à l'homme non seulement de se livrer à la pêche et aux autres usages de la mer, mais de se transporter jusqu'aux terres lointaines pour y faire le commerce, ou à toute autre fin. La premiere catégorie d'utilisation est souvent désignée tout entière sous la rubrique générale de pêche: en vérité, au lieu de la chasse aux baleines,on dit, et l'on disait plus encore dans le passé, la pêche aux baleines; on repêche des pièces de bois flottant, on pêche des perles, de l'ambre, etc. La pêche proprement dite est non seulement la plus importante utilisation des ressources de la mer; elle est en même temps le prototype de toutes ces manières de les utiliser. Aussi faut-il, au point de vue historique, conclure que le régime juridique adapté à l'usage de la mer pour ce qui concerne la pêche s'applique, à défaut de réglementation spéciale, aux utilisations analogues. Par contre, la navigation occupe une place à part: on regardera toujours sous deux angles différents la mer considérée comme moyen de communication et la mer considérée comme dépôt de richesses. Reprenons donc la différence que nous avons laissée de côté en traitant du droit romain et du droit italien, et considérons, dans les systèmes de la jurisprudence septentrionale, d'abord le régime juridique de la pêche.

Soit qu'il y faille voir l'influence du droit romain, soit que la même règle se soit formée spontanément en différents endroits, la pêche était, en principe, libre pour tout le monde aussi bien dans les mers occidentales que dans la Méditerranée (1). Mais la liberté de la pêche subit, comme tout principe du droit médiéval, des restrictions en nombre infini. L'esprit particulariste du moyen-âge s'attaqua, à son tour, au grand domaine de la mer libre ; ici encore, les privilèges envahirent le principe général. Telle pêcherie maritime faisait partie du patrimoine séculaire d'un couvent ou d'une église ; telle place de pêche était exploitée au profit spécial d'un seigneur privilégié. La pêche aux engins fixes était, du reste, le plus souvent réservée au propriétaire riverain (2), ce qui donna à celui-ci une place privilégiée pour l'exercice de certaines pêcheries, celles du saumon ou du thon, par exemple. Mais malgré toutes les exceptions, l'usage de la pêche resta, en règle générale, libre pour tout le monde. C'était le droit français et anglais ; c'était encore le droit des pays allemands ; c'était le droit danois.

En France et en Angleterre, le droit romain a été, au moyen-âge, trop puissant pour qu'on puisse démêler les rôles joués respectivement par les idées romaines et par les circonstances locales dans la formation de cette règle de la liberté de la pêche. En ce qui concerne le droit allemand et le droit danois, au contraire, il faut chercher l'origine de la même règle dans les conditions nationales et sociales plus que dans le droit romain et plus que dans l'exemple donné par les peuples voisins. Dans les pays danois et allemand, la pêche n'était qu'une occupation subordonnée, une source de revenus peu considérable en comparaison de l'agriculture et de l'élevage du bétail. En effet, il n'y existait pas une population de vrais pêcheurs, c'est-à-dire une population qui s'adonnât principalement à la pêche. Cela a, du moins, été démontré, en ce qui concerne le Danemark, par M. Johannes Steenstrup (3). Selon cet au-

(1) Waitz, IV, p. 135.
(2) Voir, pour le droit anglais, Moore, *passim*.
(3) Dans une remarquable étude : *Nogle Træk af Fiskerbefolkningens*

teur, les pêcheurs danois qui tous les ans, pendant plusieurs siècles du moyen-âge, prenaient part à la célèbre pêche des harengs de la Scanie, étaient le plus souvent originaires de provinces très éloignées des lieux où se faisait la pêche; les hameaux de pêcheurs (*fiskerleier*) restaient pendant la plus grande partie de l'année presque sans habitants; les cabanes (*boder*) étaient à la fin de la saison de pêche fermées à clé par les propriétaires qui s'en retournaient dans leurs pays continuer leurs travaux agricoles. Pareilles étaient sans doute les conditions dans les autres pays, pour les pêcheries qui attiraient un nombre quelque peu considérable de pêcheurs. Des populations de pêcheurs proprement dites n'existaient en France et en Angleterre qu'en quelques endroits, peu nombreux. Le rôle secondaire de la pêche dans la vie économique du pays et l'absence presque totale d'une population exclusivement liée à la pêche, voilà des facteurs qui devaient contribuer puissamment à ce que les gouvernements acceptassent, sans y penser, la présence de pêcheurs étrangers à côté de leurs nationaux. C'est, en général, beaucoup plus tard, lorsque l'espace sur mer ou sur terre fut trop encombré, lorsque, pour cette raison ou pour d'autres, des rixes se produisirent fréquemment entre les pêcheurs de différentes nationalités, ou enfin lorsque, tentés par les besoins pressants du trésor public, les gouvernements cherchèrent à tirer un profit financier de l'industrie de la pêche, que l'on commença à attacher de l'importance à la nationalité des pêcheurs. Le traitement qui fut, d'abord, réservé aux pêcheurs nationaux n'était pas nécessairement en leur faveur, au détriment des pêcheurs étrangers : les historiens ont, au contraire, prouvé que les pêcheurs étrangers (allemands) en Scanie furent mieux traités que les nationaux en matière d'im-

Historie, *Dansk Historisk Tidsskrift*, 7e série, 6e vol., 1905-1906, p. 141-171.

pôts (1). Si, en général, personne ne disputait au gouvernement national le droit d'exercer la juridiction civile et criminelle sur les pêcheurs assemblés, ni, par voie de conséquence, le droit de lever des impôts sur l'industrie de la pêche, sa compétence ordinaire fut longtemps limitée à ces droits dans les pays que je viens d'énumérer.

Dans la vie économique des deux pays bordant la partie septentrionale de la Mer du Nord, la Norvège et l'Ecosse, la pêche occupait une place beaucoup plus considérable que ce n'était le cas dans les pays plus fertiles et plus riches situés au sud de la même mer. Pour les Norvégiens et les Ecossais habitant les côtes ou les îles de la Mer du Nord, la pêche comptait parmi les moyens principaux de subsistance. S'ils étaient en même temps paysans, labourant péniblement des lopins de terre durs et maigres, l'exploitation de la mer égalait, si elle ne surpassait pas, en importance celle de la terre. Ils étaient donc pêcheurs dans le plein sens du mot. Cette population de paysans-pêcheurs était probablement la seule en Europe dont l'existence dépendît vraiment des produits de la mer. L'importance de l'industrie de la pêche se reflète dans les règles de la législation norvégienne tendant à assurer aux propriétaires de fonds maritimes l'exercice de la pêche tout près du rivage ou bien une part dans les captures faites à l'aide de travaux effectués sur terre, et mieux encore dans la législation islandaise donnant au propriétaire foncier le monopole de la pêche et de l'appropriation des épaves de toute espèce jusqu'à des distances déterminées de la terre (2).

Dans ces conditions, les places de pêche les plus productives avaient une valeur toute spéciale pour la population de la côte la plus proche. Aussi voit-on que leur étendue

(1) Schäfer, p. LII.
(2) Ræstad, p. 31.

était bien connue des pêcheurs qui les exploitaient, s'orientant le plus souvent d'après des points de repère qu'ils voyaient sur terre (*méd*). Ces places étaient désignées sous des noms propres. Elles avaient donc, à plusieurs points de vue, les qualités caractéristiques des propriétés immobilières. Rien d'étonnant à ce qu'elles fussent gardées jalousement contre les empiétements de pêcheurs étrangers. En effet, c'est avec difficulté que les autorités centrales écossaises et norvégiennes parviendront à vaincre, grâce à l'unification progressive de leurs nations, les jalousies que manifestaient, le plus souvent, les pêcheurs de la paroisse envers les pêcheurs, leurs compatriotes, originaires d'autres parties du pays, qui n'étaient admis qu'en vertu d'une coutume séculaire à participer à l'exploitation des places de pêche (1). Aussi, par le droit norvégien et le droit écossais, les pêcheurs étrangers étaient-ils exclus de toute participation à la pêche côtière.

Cette particularité du droit de ces deux nations s'explique d'abord par les circonstances d'ordre économique et social que je viens d'énumérer. En ce qui concerne la Norvège, elle s'explique en outre par ce fait que les places de pêche, situées de l'autre côté de la Mer du Nord, étaient trop éloignées pour attirer les pêcheurs danois ou allemands, hollandais ou anglais. D'autre part, l'Ecosse confinait à l'Angleterre, et le droit anglais avait comme principe la liberté générale de la pêche. C'est dans les provinces septentrionales et insulaires de l'Ecosse que s'est affirmé le droit coutumier qui finit par gagner le pays tout entier et dont se réclamait au XVIe siècle le gouvernement

(1) Ainsi, la province de Finmarken, en Norvège, resta jusqu'au commencement du dix-neuvième siècle soumise à un régime spécial réservant la pêche au large de ses côtes et dans ses fjords aux seuls habitants de Finmarken, de la province limitrophe de Haalogaland et des villes privilégiées de Bergen et Trondhjem ; voir Ræstad, p. 239-240, 338.

écossais repoussant les entreprises des pêcheurs étrangers sur les côtes de l'Ecosse (1). Or, ces mêmes provinces furent pendant une grande partie du moyen-âge sous la domination norvégienne. Les Hébrides firent partie du royaume de Norvège jusqu'en 1266 ; les Orcades et les îles de Shetland ne furent cédées à l'Ecosse, à titre de gage, qu'en 1468. L'élément norvégien était prédominant parmi les populations insulaires ; il était puissant dans l'Ecosse du Nord. La langue était norvégienne, ou un patois mélangé de norvégien. La terminologie de la mer était, en particulier, norvégienne. Le droit relatif à la pêche conserva, dans ses principaux traits, les traces de son origine norvégienne longtemps après l'union des îles avec le royaume d'Ecosse. C'est donc, au point de vue historique, à l'influence norvégienne qu'est due l'adoption en Ecosse du régime juridique excluant les pêcheurs étrangers de toute participation à la pêche côtière.

Quelle était l'étendue des eaux côtières réservées par le droit norvégien et écossais aux pêcheurs nationaux ? Dans les textes du moyen-âge, l'étendue n'en est nulle part définie. La législation norvégienne, mieux connue que celle de l'Ecosse médiévale, ne se prononce point sur cette question. L'exclusion des pêcheurs étrangers faisait, comme tant d'autres maximes fondamentales, partie du seul droit coutumier des deux pays. L'étendue de la zone d'exclusion n'était donc fixée que par les notions forcément sommaires des populations elles-mêmes. Sur ces notions on est, cependant, assez bien renseigné.

Les places de pêche étaient, comme je le disais tout à l'heure, reconnues par orientation d'après des points proéminents de la terre (*mêd*). La désignation de « mêd » était souvent appliquée aux places de pêche elles-mêmes. Toutes les places reconnues de cette manière étaient nécessaire-

(1) Fulton, *passim*.

ment situées en vue de la terre. Les bateaux de pêche, dont disposaient les populations côtières, étaient du reste trop fragiles pour que les pêcheurs pussent s'aventurer loin dans la mer. D'autre part, les places de pêche étaient considérées par ces populations comme leurs propriétés à elles. C'est sur cette idée que s'appuient toutes les réclamations populaires qui, à ma connaissance, se sont produites contre les invasions de pêcheurs étrangers au moyen-âge et à l'époque suivante. La même idée est, du reste, invariablement exprimée par les pêcheurs côtiers qui se voient gênés par l'intrusion étrangère, que celle-ci se produise soit en Islande, au moyen-âge, soit en Angleterre, dans les temps modernes. Ma réponse à la question formulée est donc que l'exclusion des pêcheurs étrangers portait plutôt sur les places de pêche que sur une zone déterminée des eaux côtières, la seule limite générale qui pourrait être indiquée étant celle de la distance comprise dans le rayon de la vue.

En Ecosse, cet état de choses aboutit à l'établissement d'une jurisprudence réservant aux pêcheurs indigènes la zone côtière jusqu'à la limite de la vue (*land-kenning*), mesurée dans la direction de la mer vers la terre. Pour ce qui concerne la Norvège, l'affluence des pêcheurs anglais en Islande aux XVe et XVIe siècles amena en fin de compte des dispositions fixant la zone réservée à un nombre déterminé de lieues (1).

La chasse aux baleines n'était pas, comme la pêche, liée à certains endroits. En outre, elle fut en Norvège, et généralement dans les pays du Nord, en décadence pendant plusieurs siècle du moyen-âge. Elle n'y suscita pas de conflits entre indigènes et étrangers. Plus tard, au XVIIe siècle, les limites générales adoptées pour la pêche, ou des limites plus étendues, furent appliquées à cette chasse.

(1) Voir, pour les détails du droit écossais, Fulton, *passim*, et pour ceux du droit norvégien, Ræstad, surtout le chap. 10.

Le droit aux débris provenant d'avaries ou de naufrages acquit au moyen-âge, pour les habitants de pays avoisinant les grandes routes de navigation, une importance économique considérable. Aussi, la question de savoir comment partager les valeurs sauvées en mer (1) entre le propriétaire, le sauveteur, et le seigneur de la terre où les objets sauvés ou trouvés auraient été apportés, fut-elle traitée non seulement par la législation nationale des différents pays, mais aussi par les lois maritimes internationales, telles que les Rooles d'Oléron, les lois de Visby, etc. Dans la plupart de ces systèmes légaux, on retrouve la même particularité dont l'origine remonte, paraît-il, à une époque très lointaine : le partage se fait d'après un principe différent suivant que les objets ont été sauvés en vue de la terre ou non. Lorsque les objets ont été sauvés en haute mer, hors de vue de la terre, le sauveteur a droit à une part plus grande des valeurs sauvées que lorsque le sauvetage a eu lieu en vue de la terre. Dans le premier cas, elle est tantôt d'un tiers, tantôt d'une moitié. Dans le deuxième cas, celui d'un sauvetage en vue de la terre, le sauveteur a le plus souvent droit seulement à un salaire équitable, à déterminer par les autorités judiciaires (2). Si ce salaire équitable est parfois fixé par la loi à un tiers des valeurs sauvées, c'est que la quotité revenant au sauveteur dans le cas d'un sauvetage accompli

(1) Il ne s'agit pas ici des débris de naufrage jetés sur la terre et du droit, très discuté au moyen-âge, pour le souverain du rivage de retenir une partie des valeurs sauvées (*Strandrecht*).

(2) *Coustumes de Bretaigne* : « S'ilz vont alaventure de la mer loing les querre ilz ont le tiers et silz ne perdent terre ilz nauront que salaire competant au regard de iustice ». Bois-Gelin de la Thoise (chap. 4, p. 84) attribue à l'expression « perdre terre » la signification : « aller en bateaux », en opposition à ceux qui opèrent le sauvetage en restant sur terre. Moitié et salaire équitable : Loi maritime danoise de Frédéric II, chap. 49 et 73. Moitié et tiers : *Visby stadzlag*, chap. 13 ; *Gutalag*, p. 56.

hors de vue de la terre monte alors à la moitié des valeurs sauvées.

Il est de toute évidence que jamais gouvernement n'a prétendu, au moyen-âge, monopoliser au profit de ses sujets ou de lui-même le sauvetage des débris flottant au large des côtes de son pays. La mention de la vue dans les dispositions précitées ne signifie donc pas qu'en deçà de cette limite il existât un monopole au profit de l'Etat côtier. Le droit du seigneur ne s'exerça que si les objets sauvés avaient été apportés à un endroit de son territoire terrestre. Au point de vue du seigneur, la limite de la vue n'avait pas d'ordinaire d'autre importance que de déterminer la part plus ou moins grande qui lui revenait dans la valeur des objets sauvés. Nous pouvons nous demander, toutefois, si le seigneur avait droit à une part quelconque dans les objets sauvés en dehors de la limite de vue et apportés à un endroit de son territoire par des sauveteurs de nationalité étrangère, — si, en d'autres termes, son droit à l'égard des objets sauvés en haute mer ne s'exerçait pas seulement vis-à-vis des sauveteurs nationaux. Malheureusement, les archives du moyen-âge ne contiennent que de rares documents ayant trait à ces questions. En 1552, une affaire soumise au bailli de Tunsberg, en Norvège, roula sur la question de savoir si un vaisseau naufragé avait été trouvé flottant dans les eaux du roi de Norvège et de Danemark ou non : les sauveteurs étrangers (probablement suédois) n'ayant pu prouver qu'il eût été trouvé « dans les eaux de l'Empereur », c'est-à-dire en haute mer, le bailli leur accorda comme salaire du sauvetage le tiers de la valeur du vaisseau, qui échut au roi. Le tiers était en ce temps, dans les pays du Nord, le salaire pour le sauvetage effectué en vue de terre. Ce cas, bien que datant d'une époque postérieure, suggère la conclusion qu'il y a eu, même au moyen-âge, connexion entre la limite de la vue, en matière de sauvetage, et la juridiction de l'Etat sur les eaux côtières.

Il ne faut pas oublier que la limite de la vue a eu le caractère d'une limite légale dans plusieurs dispositions de la législation médiévale des pays septentrionaux. Je ne dresserai pas ici la longue liste de ces dispositions (1). Je citerai seulement deux ou trois exemples. D'après la loi suédoise, dite Gutalag, le prix de rachat qu'il fallait payer pour un esclave fugitif différait, de manière à devenir toujours plus élevé, suivant que l'esclave avait été repris sur terre ou sur mer ou, enfin, sur mer hors de vue de la terre (2). D'après certaines lois maritimes, les affréteurs devaient payer le prêt entier s'ils voulaient faire décharger le navire après qu'il se fût éloigné de la terre assez pour que celui-ci ne fût plus en vue (3). En matière de prises maritimes, les navires de guerre qui étaient en vue lors d'une capture faite par d'autres navires de la même flotte avaient droit à une part dans le profit de cette capture, selon une disposition qui se retrouve dans la plupart des règlements de marine depuis le moyen-âge jusqu'en ces derniers temps (4).

Dans la terminologie nautique du moyen âge, la vue avait aussi la signification d'une distance déterminée sur mer. Les marins, éprouvant l'impérieuse nécessité de suppléer par l'expérience variée de leur métier à l'inconvénient de ne pouvoir employer les mesures terrestres, se sont, du moins dans l'Atlantique et les mers du Nord, habitués à employer comme mesure nautique la distance les séparant de la terre quand celle-ci apparaît à l'horizon. Cette distance a elle-même, par un procédé familier aux philologues,

(1) Voir pour plus amples détails, Ræstad, p. 181 et suiv.

(2) *Gutalag*, p. 52.

(3) Ræstad, p. 184.

(4) *Black Book*, II, p. 22-23 ; Pardessus, IV, p. 313, note 2 ; les articles de marine danois cités par Ræstad, p. 182 ; cf. *Consulato del Mare*, chap. 245, et, pour les temps modernes, Atherley-Jones, p. 544-545, 581-582.

été désignée comme « une vue ». La vue, ou, dans l'orthographe des Routiers français du XVIe siècle, la veue, a été employée comme mesure nautique dès le XIIIe siècle, sinon auparavant (1) ; elle a été préférée à la lieue, surtout lorsqu'il s'agissait de mesurer la distance entre deux points un peu éloignés l'un de l'autre. Ainsi, les Routiers français parlent des « veues de la Rochelles jusques en Flandre ». Une veue était, en France, égale à 7 lieues (2). C'était la même chose en Angleterre : le « ken » était égal à 21 milles, soit 7 lieues (3). En Ecosse, la vue (« land-kenning ») était estimée, paraît-il, à 14 milles (4). Aux Pays-Bas, le « kennis » était converti en 5 lieues (5). Différentes valeurs sont indiquées pour le « kenning » employé par les marins des villes hanséatiques, les marins danois, etc. (6). En Norvège, on employa une unité de mesure nautique, le *vika sjóvar*, qui était de 9 kilomètres environ, et, pour des distances plus longues, une douzaine de ces unités (*tylft vikna sjóvar*), de sorte que l'unité intermédiaire qu'était la vue ne trouva pas de place dans la pratique norvégienne.

Dans les lois maritimes, la vue, unité de mesure nautique, se substituait parfois à la vue, mesure optique. Ainsi, la loi maritime de Lubeck oblige les affréteurs à payer le fret entier du moment que le navire est *ene kenninghe* au large dans la mer (7), tandis que les lois maritimes précédentes faisaient dater la même obligation du moment que le navire était hors de la vue de la terre (8). D'autre part, la

(1) Sur l'origine du terme *kenning*, voir Ræstad, p. 184 et suiv.

(2) Voir *Le Grant Routtier*, par Pierre Garcie, dit Ferrande, sous la rubrique : « S'ensuyt les veues qui sont entre Chief de Boys et Flandis ».

(3) Ræstad, p. 187.

(4) Fulton, *passim*.

(5) « 5 mijlen » ; voir *Dit is die Caerte van der Zee*.

(6) Breusing, p. XLI ; Behrmann, p. 111-112 ; Ræstad, p. 186-188.

(7) *Lübeckisches Urkundenbuch*, II, p. 86.

(8) Voir *Visby Stadzlag* (*Black Book*, IV, p. 368-369) et, pour le droit suédois, *Bjarköret* XIX, 5 et *Stadzlag*, XV.

veue et le *kenning* appartenant originairement à la terminologie du moyen-âge (1), il est permis de conclure qu'une disposition en faisant emploi date elle aussi de la même époque. Cette observation s'applique à la jurisprudence écossaise mentionnée plus haut, réservant la pêche côtière aux pêcheurs nationaux jusqu'à un *land-kenning* de la terre.

Résumons. — La « limite de la vue » est le principe de la jurisprudence écossaise, qui réserve la pêche côtière aux nationaux, et même, peut-être, sous une forme plus déguisée, de la jurisprudence analogue de la Norvège. Le même principe entre aussi pour quelque chose dans les idées médiévales, jusqu'ici mal éclaircies, sur la juridiction de l'Etat côtier en matière de naufrages et débris. D'autre part, nous nous rappelons que la limite de la ligne médiane, qui a été de plus en plus abandonnée pendant les derniers siècles du moyen-âge, s'appliquait plutôt aux marques extérieures et aux avantages de la souveraineté. Les renseignements que nous avons eus sous les yeux, ne nous disent pas sous quelles conditions fut exercée la juridiction générale de l'Etat sur mer. Quelle était donc, en règle générale, la limite de cette juridiction ? Et, d'abord, de quelle nature était la juridiction maritime exercée au moyen-âge par les Etats septentrionaux ?

On voit bien, par des indications dispersées dans les correspondances politiques du moyen-âge, que la juridiction de l'Etat côtier était reconnue par les puissances maritimes du Nord dès le XIIIe siècle (2). En même temps, la diversité

(1) Au XVIIe siècle, le sens de ces termes était presque partout oublié ; voir l'explication erronée de Cleirac, *Us et coustumes de la mer*, p. 167.

(2) C'est-à-dire à une époque où la jurisprudence italienne n'était pas encore arrivée à l'établir, exception faite de la domination vénitienne sur l'Adriatique.

des termes employés laisse entrevoir que les idées n'étaient pas bien nettes au sujet du vrai caractère de cette juridiction. Tantôt le roi de Norvège rappelle aux membres du conseil de Lubeck leurs devoirs envers les marchands étrangers, en tant que gardiens de la mer voisine du port : *Vos illius brevis maris habentes custodiam* (1). Tantôt la mer est considérée comme une partie du territoire de l'Etat : le traité de frontières entre la Norvège et la Russie du 3 juin 1326 parle de la terre et de l'eau du roi de Norvège comme constituant, dans leur ensemble, le territoire norvégien (2). Dans une lettre adressée à Edouard Ier, roi d'Angleterre, en 1285, le conseil de Lubeck se plaint que les Norvégiens aient pillé des marchands lubeckois *in libero mari* (3) : la notion de la mer territoriale est donc à peine ébauchée que celle de la mer libre vient s'y ajouter.

C'est un signe de la position solide qu'occupait, dans les esprits, la notion de la juridiction sur la mer côtière, que l'espace de mer relevant à cet égard de l'Etat côtier ait reçu une appellation spéciale : strom, strem (littéralement traduit : courant ou fleuve) de l'Etat. Ce mot rappelle un terme juridique de l'ancien anglo-saxon : « strond en strem », employée pour désigner toutes les appartenances d'une propriété : « soit à sec, soit à flot ». Dans le droit anglo-saxon, le mot « strem » (courant) signifiant, au début, le courant d'un fleuve, fut, plus tard, employé dans un sens plus étendu pour désigner aussi les parties du rivage couvertes par la mer à haute marée, parties qui appartenaient à la propriété riveraine (4). Dans les idiomes bas-allemand et néerlandais, le même mot désigna en premier lieu les fleuves, surtout les embouchures des grands fleuves qui se jettent

(1) Lettre du roi Haakon IV, datant de l'hiver 1247-8, *Dipl. Norv.*, IX, p. 1-2.

(2) *Dipl. Norv.*, VIII, p. 101-102.

(3) *Dipl. Norv.*, XIX, p. 220-221 ; cf. I, p. 66-67.

(4) Moore, p. 74, 112, 144, etc.

dans la mer du Nord et dans la Baltique ; en second lieu, la mer côtière, c'est-à-dire, si le nom du seigneur ou de l'Etat propriétaire est ajouté, la mer territoriale ; ainsi, des expressions comme « op mins heren strem »,« buten des obgenanten forsten unde heren strömen », etc. Dans ce dernier sens, le mot a été naturalisé dans les langues danoise (Kongens strömme) et anglaise (King's streme, ou King's river) (1). Il s'est glissé aussi dans la langue anglo-normande ; par exemple : « deins la juridiction et l'estrem de la meer de Flandres » (2).

Bien qu'on rencontre ainsi, à chaque pas, des preuves indiscutables de l'existence d'une juridiction maritime, on cherche en vain, dans la législation contemporaine, des dispositions renseignant sur l'étendue de la zone juridictionnelle ou sur la nature de la juridiction exercée. Pour ce qui concerne la doctrine, ou elle n'existait pas — c'était le cas dans la plupart des pays en question — ou elle tourna dans l'orbite du droit romain : comme en Angleterre (3). On est donc obligé d'examiner les documents fournis par l'histoire de la navigation pour en dégager, autant que possible, des conclusions sur le droit coutumier en matière de juridiction maritime. A ce sujet, il faut tenir compte d'un fait essentiel : la prédominance, pendant toute la période envisagée, de la navigation hanséatique.

La navigation internationale était presque entièrement aux mains des villes hanséatiques ; la part qui en resta aux pays producteurs et consommateurs était infime. Donc, c'était surtout au profit ou au détriment des hanséates que pouvait être exercée la juridiction sur mer. Les intérêts en jeu, c'étaient au premier plan les intérêts commerciaux de la Hanse. Les villes maritimes de la Hanse équipaient bien

(1) Ræstad, p. 170 et suiv. ; Moore, p. 206, 209 ; Fulton, p. 362.
(2) Selden, liv. 2, chap. 29.
(3) Fulton, p. 539.

de temps en temps d'imposantes flottes de guerre ; mais, ce faisant, leur objectif était presque toujours, soit de faire face aux hostilités des Etats voisins, soit de leur arracher des concessions ultérieures. Les navires de guerre des villes hanséatiques ne servirent presque jamais, au moyen-âge, à escorter leurs navires marchands. Armés, ces derniers auraient pu se défendre contre les agressions des pirates dont fourmillaient les mers du Nord ; mais très souvent il leur était défendu, d'après les termes mêmes de leurs privilèges, d'entrer armés dans les ports de leur destination. Les Hanséates se virent, en fin de compte, rejetés sur la protection qui leur était, pendant leur séjour dans les eaux étrangères, offerte par l'Etat côtier. Ils ne songèrent pas, en conséquence, à nier la juridiction de l'Etat vis-à-vis des crimes commis par des pirates étrangers dans les eaux côtières. D'autre part, ils étaient, trait caractéristique pour les Hanséates de tout temps et en tout pays, très jaloux de leurs immunités et privilèges, se réservant la juridiction civile et criminelle en ce qui concerne les contrats ou délits survenant à bord d'un navire hanséatique.

Si nous nous reportons aux documents historiques, nous verrons que dans la grande majorité des cas, là où il est question de la mer territoriale, il s'agit soit de crimes commis par des pirates, soit de mesures prises en vue de la répression de la piraterie. Des sujets étrangers s'adressent au seigneur de la terre pour se plaindre des violences qu'ils ont subies, de la part de malfaiteurs étrangers, dans les limites de ses eaux territoriales. Le seigneur, au nom de ses sujets, demande à une puissance étrangère la réparation des pertes qui leur ont été infligées, soit près de leurs côtes, soit en haute mer, par les sujets de cette puissance. S'il intervient en faveur de sujets étrangers, il a soin de préciser que le fait s'est produit sur son territoire maritime. Il autorise des corsaires à faire la guerre aux ennemis ou aux pirates dans l'étendue de sa mer territoriale (1). La protection ainsi exercée par l'Etat côtier vient à son tour ranimer la notion de la souveraineté qui était anciennement exercée sur la mer côtière jusqu'à la ligne médiane, — souveraineté plutôt de force et d'exploitation que de protection. Fort de cette association d'idées, l'Etat côtier revendique le monopole de la protection, et procède contre les navires étrangers qui se font justice eux-mêmes dans les eaux soumises à sa juridiction (2).

On met en vain à contribution les documents du moyen-âge : on n'y trouve aucune trace des autres attributions qui, aujourd'hui, constituent la juridiction de l'Etat côtier sur la mer avoisinante. Les impôts sur la navigation qui suivirent de près, comme nous l'avons vu, l'établissement de la juridiction maritime dans la Méditerranée, étaient presque inconnus dans les pays septentrionaux. Les Italiens déduisaient le droit de lever des impôts sur la navigation étrangère, de la protection qui lui était offerte : le roi de Norvège et de Danemark fonda, au contraire, ses interventions en faveur des marchands étrangers sur ce que, payant des impôts pour faire le commerce en Norvège, ils avaient un droit acquis à être protégés pendant leurs navigations dans les eaux norvégiennes (3). Il n'y a qu'une seule conclusion possible, c'est que la juridiction sur la mer territoriale était, à l'origine, réduite à la seule compétence d'y protéger la navigation pacifique contre les entreprises des pirates.

Pendant qu'ils se trouvaient dans les eaux de l'Etat riverain, les navigateurs étrangers étaient tenus d'obéir aux ordres des officiers munis de pouvoir et (symbole de

(1) Lettre de marque délivrée par Albert, comte de Hollande, etc., le 31 mai 1393 (*Dipl. Norv.*, VI, p. 381).

(2) Affaire d'un navire anglais capturé, à titre de représailles, par les Lubeckois, en 1450, dans la mer de Norvège ; voir Ræstad, p. 166-167.

(3) *Ibid.*, p. 168.

l'hommage dû au pouvoir juridictionnel) de saluer les navires du seigneur, en amenant la haute voile ou, plus tard, le pavillon. Toutefois, ce salut maritime était souvent exigé par des puissances maritimes purement en signe de reconnaissance de leur supériorité et de leur droit de préséance : ainsi Jean, roi de Danemark, força en 1507 les Lubeckois à saluer ses navires même en haute mer(1). Plus connue est la prétention anglaise, datant, paraît-il, du temps où les rois d'Angleterre possédaient les deux côtes de la Manche. Repoussée notamment par les Français, elle fut, au XVIIe siècle, en 1674, imposée aux Hollandais par la paix de Westminster : les Hollandais durent se soumettre à l'obligation de saluer les navires anglais dans toutes les mers comprises entre les promontoires Stadt, en Norvège, et Finisterre, en Espagne (2). Il ne paraît pas que l'ancienne limite de la ligne médiane ait jamais été invoquée en matière de salut maritime. Il faut donc plutôt rattacher l'usage du salut au principe de la juridiction et protection exercée sur mer par l'Etat côtier depuis le XIIe ou le XIIIe siècle.

Jusqu'à quelle limite s'exerçait cette juridiction maritime ? Très souvent, dans les documents du moyen-âge, les termes qui désignent la mer territoriale sont employés de manière à impliquer que son étendue est connue de l'écrivain, et qu'il la suppose connue de ceux auxquels il s'adresse. Toutefois, il n'y a là rien qui prouve que l'on assignât à la mer territoriale des limites précises. Même pour les territoires terrestres, on s'est longtemps contenté de limites vagues ; or, la nature de la mer est beaucoup plus récalcitrante que celle de la terre à une délimitation précise. Il faut donc s'attendre à trouver, derrière la notion bien nette de l'existence d'une mer territoriale, des idées très vagues

(1) Lind, p. 19.

(2) Fulton, p. 6 et suiv., 505 et suiv.

sur son étendue dans l'espace. Justement, aucun effort de la doctrine n'était intervenu pour donner à ces idées, dans l'Europe septentrionale, la précision qu'elles avaient obtenue en Italie.

La formule qui résume les vagues idées sur l'étendué générale de la juridiction maritime dans les pays septentrionaux au moyen-âge, ne peut être que celle du rayon de la vue. Les termes employés pour désigner ce qui est au delà de la limite des eaux territoriales le prouvent : c'est la haute mer, la mer déserte, la vaste mer. Mais la haute mer, au point de vue nautique, ne commençait que là où la terre était perdue de vue. C'était du moins le sens le plus exact du terme ; c'est en ce sens qu'il fallait le comprendre, lorsqu'il s'agissait de prouver que telle partie de la mer était exempte de toute juridiction. Dans ces temps demi-barbares, la juridiction était une arme dont l'Etat côtier abusait souvent. Sur la haute mer, du moins, l'exercice de la juridiction maritime ne pouvait pas servir de prétexte aux procédés arbitraires des officiers d'un Etat côtier. L'immunité de toute juridiction particulière dont jouissait la haute mer était invoquée tous les jours par les navigateurs qui se plaignaient aux gouvernements étrangers des pirateries de leurs sujets. Définir l'ètendue exacte de la mer territoriale était, d'autre part, chose délicate : les gouvernements préféraient beaucoup se réclamer de leurs droits juridictionnels en termes généraux. Leur circonspection se comprend. En somme, la mer riveraine, jusqu'au point où commence la haute mer, se présenta sous l'aspect d'une zone réservée. L'emploi fréquent de l'argument de la haute mer tendait, à son tour, à faire reconnaître que la zone réservée de la juridiction côtière était limitée par l'étendue du rayon de la vue.

Nous avons déjà eu l'occasion de voir que, vers l'an 1400, la limite de la vue était devenue, probablement sous l'influence normande, la limite de la mer territoriale dans le droit sicilien (1). Cette jurisprudence, originant dans des conceptions internationales, remonte donc à la fin du XIVe siècle. Au cours des deux derniers siècles du moyen-âge, la limite de la vue a dû subir des modifications d'après les conditions locales C'est probablement ainsi que s'est établie la limitation spéciale des eaux territoriales au large de la Norvège méridionale et du Jutland. Au XVIe siècle, c'était une notion familière aux marins que la juridiction du roi de Norvège et de Danemark s'étendait jusqu'au milieu du banc connu sous le nom de Jydske Rev. En vérité, une grande partie de ce banc se trouve à une distance des côtes norvégiennes correspondant à la limite de la vue (2). Si le Jydske Rev a été substitué comme limite à la ligne, simplement idéale, de la vue, c'est que les marins se fiant, de préférence, pendant leurs traversées de la Mer du Nord aux données de la sonde, savaient toujours au juste, à l'aide de cet appareil, où ils se trouvaient par rapport à ce banc.

Les observations optiques étaient, d'abord, exposées à l'influence des conditions météorologiques ; en outre, l'espace de mer couvert par la vue variait selon l'altitude au-dessus du niveau de la mer de la place occupée par l'observateur. De leur poste d'observation en haut des mâts, les marins scrutaient l'horizon. Dans la pratique, c'est le plus souvent aux observations des marins qu'on s'en rapporta pour déterminer l'emplacement d'un point en question. Probablement la limite de la vue, distance légale, aura-t-elle été, à l'origine, mesurée dans la direction du navire vers la terre. Mais, plus tard, cette distance était mesurée tantôt dans l'une, tantôt dans l'autre direction. On

(1) Voir p. 18. La limite de la vue a été, longtemps après, conservée par le droit du royaume des Deux-Siciles ; voir, par exemple, le traité conclu entre ce royaume et l'Empire ottoman le 17 avril 1740, art. 16.

(2) Ræstad, p. 172 et suiv.

ne pensait pas encore à préciser les idées sur l'étendue de la mer territoriale.

Une situation particulière est celle des espaces de mer plus ou moins enclos dans le territoire terrestre. Il y avait de ces espaces qui, faisant intimement partie du territoire de l'Etat, ne pouvaient tomber sous la désignation de mer territoriale dans le sens un peu restreint qu'avait ce terme au moyen-âge : de ce nombre étaient le Zuyderzée, en Hollande, et les parties intérieures des firths en Ecosse et des fjords de Norvège et de Danemark (le Limfjord, par exemple, qui était à cette époque-là fermé par une bande de terre à l'ouest). Tout naturellement, la population circonvoisine avait fini par se créer des droits particuliers sur ces eaux intérieures, et une situation privilégiée non seulement vis à-vis des sujets étrangers, mais aussi à l'égard de leurs compatriotes et voisins : c'est ainsi que les habitants des bords du Zuyderzée partagèrent entre eux les pêcheries de cette mer, partage qui donna lieu à de graves conflits au XVIe et au XVIIe siècle (1). De même, les villages situés près du Limfjord se disputèrent le droit d'y pêcher des huîtres et différentes espèces de poisson. La situation était à peu près la même dans les firths écossais. C'est une particularité du régime légal en Norvège que le pouvoir central y parvint à supprimer les velléités qui se dessinaient en vue de l'exploitation exclusive par les régionaux des pêcheries dans les fjords : de fait, l'esprit régionaliste se faisait souvent sentir ; en droit, la liberté pour tous les sujets norvégiens de pêcher partout dans les fjords était à peu près complète.

Les mers closes faisaient, comme je viens de le dire, partie du territoire de l'Etat d'une manière beaucoup plus complète que la mer territoriale proprement dite. Non seulement l'usage en était réservé aux nationaux, voire même

(1) Beaujon, p. 175-183 ; Boer, p. 76-77.

aux régionaux, mais la juridiction civile et criminelle de l'Etat qui ne s'exerçait que d'une manière fort restreinte sur la mer territoriale sortait ses pleins effets, ou presque, dans l'étendue des mers closes. Là on était toujours, pour revenir à la terminologie italienne, dans la circonscription (1). Suivant une disposition du droit islandais, le maître du navire avait droit au fret entier lorsqu'on était arrivé au pays de destination, de sorte que le navire se trouvait en deça d'une ligne imaginaire tirée entre les promontoires des deux côtés (2). Selon le droit anglais, les baies, jusqu'au point le plus extérieur où on pouvait voir d'un rivage ce qui se passait sur l'autre, rentraient dans la circonscription du *county* : cette partie de la mer relevait non de la juridiction de l'amiral, mais de celle de l'autorité civile du county (3). En nommant le territoire, on y comprenait les mers intérieures, à moins que l'intention contraire ne fût apparente.

Par leur caractère, on pourrait dire intime, les mers intérieures se distinguaient des mers extérieures sujettes à la domination d'un Etat maritime, comme, par exemple, l'Adriatique, dominée par Venise, et les mers de l'Océan Indien, accaparées au profit du Portugal. Les exemples qu'en fournit l'histoire des pays septentrionaux au moyen-âge sont au nombre de deux : la mer Baltique et l'Océan Septentrional.

Les prétentions du Danemark sur la Baltique sont, cependant, d'une nature plutôt politique que juridique. Les

(1) Nombre d'auteurs modernes établissent, d'après le caractère plus et moins absolu des droits de l'Etat côtier, un échelonnement des différentes parties de la mer : ports et rades, mers encloses (mer territoriale), mer côtière. A part le régime exceptionnel des ports et rades, cette différenciation, très réelle au moyen-âge, a, de nos jours, perdu beaucoup de son importance.

(2) *Grágás*, *Konungsbók*, 2e partie, chap. 166.

(3) Fulton, p. 544, 547.

convoitises danoises se heurtèrent à l'opposition formée par les autres puissances maritimes de la Baltique, d'abord par les villes hanséatiques, en premier lieu Lubeck, et plus tard par la Suède. Les avantages obtenus par le Danemark dans la Baltique se bornèrent à une hégémonie politique de plus en plus précaire et à l'hommage du pavillon, bientôt disputé. Restait toujours au Danemark la possession des deux côtes du Sund et des Belts : situation qui lui permit de fermer plusieurs fois, au cours de ses guerres, la Baltique à tout commerce extérieur non autorisé par lui, et qui lui valait, en temps normal, des revenus considérables. Mais le péage du Sund, institué sous Eric le Poméranien, souverain qui n'ambitionnait certes pas la domination sur mer, ne provenait pas de l'empire du Danemark sur la Baltique, non plus que les péages levés auparavant sur la navigation à l'embouchure de certains fleuves n'impliquaient la souveraineté de l'Etat riverain sur les pays situés plus en aval.

D'une nature tout à fait différente était la domination norvégienne sur l'Océan Septentrional. Depuis la réunion de la province de Haalogaland (Nordland) au royaume de Norvège, le pays tributaire de Finmarken relevait directement de la couronne norvégienne : le tribut des Lapons était perçu au profit du fisc, et jusqu'à la frontière sud de Haalogaland, le commerce avec ces nomades était une prérogative royale. Dès le XIIe siècle, la sauvegarde des intérêts de la couronne en Haalogaland et en Finmarken était confiée à des fonctionnaires résidant à Bergen ; à peu près à la même époque, le commerce du poisson de Haalogaland se concentra dans cette ville. Les pêcheries de Haalogaland (Lofoten) constituaient depuis le XIe siècle un objet de taxation très apprécié par le gouvernement norvégien : le poisson, destiné au percepteur du roi, suivait à Bergen le poisson destiné au commerce. Cette série de faits fut l'origine, au XIIIe siècle, de la politique du gouvernement norvégien réservant de parti-pris le commerce de Haalogaland et de Finmarken aux seuls habitants de Bergen, ville d'étape pour l'exportation du poisson (*stockfisch*). Du reste, les habitants des provinces septentrionales étaient de temps immémorial habitués à transporter eux-mêmes leurs marchandises à Bergen, et la flotte des navires chargés de stockfisch s'y rendit tous les ans pendant plusieurs siècles. Par un traité conclu le 6 juillet 1294 entre la Norvège et la ville de Brême, d'un côté, et les autres villes hanséatiques, de l'autre, la liberté de commerce accordée aux Hanséates fut limitée : ils ne devaient pas aller au delà de Bergen, vers les parties septentrionales de la Norvège (1). Cette stipulation fut répétée dans la suite par des ordonnances royales (2) ; et les Hanséates qui, une fois installés à Bergen, accaparaient de plus en plus le commerce du poisson, trouvèrent eux-mêmes leur intérêt à ce que le privilège de Bergen fût maintenu : s'appropriant à leur propre compte la politique du gouvernement royal, à leur tour ils interdisaient à leurs compatriotes de faire la navigation au nord de Bergen (3). Bien que dirigée plus spécialement contre la participation des étrangers au commerce des deux provinces de Haalogaland et Finmarken, la défense de dépasser Bergen était formulée de manière à comprendre tout le pays au nord de cette ville. C'est, par exemple, vers la fin du XVIe siècle seulement que la ville de Trondhjem fut de nouveau ouverte aux navigateurs étrangers (4).

En 1261, les colons du Grönland avaient reconnu comme souverain le roi de Norvège ; et à partir de 1264, l'Islande était réunie à la mère-patrie. Par un article de l'acte d'union,

(1) *Dipl. Norv*, V, p. 22-25 ; cf. les privilèges de Campen renouvelés le 27 juillet 1305, *ibid.*, p. 47-48.

(2) Ordonnance du 29 mai 1306 (*N. gl. L.*, IV, p. 360) et de février 1348 (*N. gl. L.*, III, p. 190).

(3) Ræstad, p. 70 et suiv.

(4) *Ibid.*, p. 92 et suiv.

le roi de Norvège avait promis aux Islandais de faire partir, chaque année, six navires marchands de Norvège à destination de l'Islande ; ainsi serait assuré l'approvisionnement de cette île en céréales et en autres articles de première nécessité (1). A coup sûr, le roi a pris un engagement semblable vis-à-vis des Grönlandais en 1261. Soit que le roi armât des navires pour son propre compte, soit qu'il se réservât seulement une partie de la capacité des navires armés par des marchands particuliers, il était dès le début sous-entendu que le commerce sur l'Islande et le Grönland resterait dorénavant fermé aux étrangers, et même aux nationaux non autorisés par le gouvernement. Bientôt le commerce islandais, dont le principal article, depuis le commencement du XIVe siècle, était la morue, se concentra à Bergen, siège privilégié du commerce de toutes les îles tributaires de la Norvège (2).

La mer encadrée, d'un côté, par les îles d'Islande et de Færöer, de l'autre, par la côte norvégienne depuis la hauteur de Bergen jusqu'au Finmarken, était appelée tantôt la Mer Septentrionale, tantôt la mer de Norvège. Dans cette mer, de tout temps, des navires étrangers n'avaient pénétré que très rarement. Le droit des rois norvégiens d'en interdire l'accès aux navigateurs étrangers ne fut pas contesté par les gouvernements intéressés. Au contraire, l'Angleterre reconnut à plusieurs reprises, par des traités avec la Norvège et par des ordonnances adressées aux villes maritimes anglaises, que les sujets anglais ne pourraient se rapprocher des côtes de l'Islande et des provinces septentrionales de la Norvège qu'avec l'autorisation spéciale des autorités norvégiennes (3). Lorsque, par le traité de 1490, la navigation de l'Islande fut ouverte aux sujets anglais,

(1) Ræstad, p. 59 et suiv.

(2) *Ibid.*, p. 62 et suiv.

(3) Traités des 24 décembre 1432, 17 juillet 1449 et 3 octobre 1465 ; *ibid.*, p. 72 et suiv.

il fut expressément stipulé que ceux-ci devraient, tous les sept ans, obtenir une permission renouvelée, afin de manifester leur reconnaissance de la souveraineté du roi de Norvège. Les relations avec la Russie du nord étaient rares, et elles étaient aux mains des Norvégiens. Aucun marin ne s'était encore avisé de chercher le passage du nord-est. Jusqu'à la fin du moyen-âge, l'empire norvégien sur la Mer Septentrionale forma donc un article non discuté du code international. Reconnu de longue date par l'usage des nations, il résista mieux aux changements du temps et laissa plus de traces dans l'histoire de la mer territoriale que les prétentions analogues des rois de Portugal et d'Espagne sur les mers du Sud.

Les systèmes adoptés par les nations septentrionales comportaient donc, à côté d'une série de règles applicables en général, des exceptions qui aboutissaient à une négation totale de la liberté des mers. Des deux côtés, à l'extrême sud et à l'extrême nord du globe, avaient surgi les fantômes de prétentions exclusives sur la mer, prétentions qui menaçaient les nations navigatrices et commerçantes dans leurs intérêts vitaux.

IV

LE XVIe SIÈCLE : PÉRIODE DE TRANSITION

Au XVIe siècle s'achève la décadence de la navigation internationale monopolisée aux mains des grandes villes maritimes : Vénitiens au sud, Hanséates au nord, cédèrent la place aux marines nationales qui se formèrent en plusieurs pays européens. Les codes maritimes se multiplièrent ; on en rédigea en France, aux Pays-Bas, en Danemark. Aux règles plus sommaires et, en même temps, plus homogènes des lois maritimes internationales succédèrent, en nombre croissant, les dispositions empiriques, souvent incohérentes, des législations particulières et des traités politiques. Entre la doctrine conservatrice, ancrée dans le passé, et la jurisprudence un écart commence à se produire.

En France, la doctrine adopta la limite italienne de cent milles (convertie en trente lieues françaises). D'après Jean Bodin, cette grande lumière de la jurisprudence française au XVIe siècle, « les droicts de la mer n'appartiennent qu'au Prince souverain, qui peut imposer charges iusques à XXX lieues loing de sa terre, s'il n'y a Prince souverain plus près, qui l'empesche : comme il a esté iugé pour le Duc de Savoye »(1). En pratique c'était autre chose : le gouvernement

(1) *Les six livres de la République*, Paris, 1577, p. 215 ; transcrit par Bois-Gelin de la Thoise, *Traité des droits royaux de bris*, Dinan, 1595, chap. 5, et par Louis le Caron, dit Charondas, *Pandectes ou Digestes du droict françois*, Lyon, 1596, p. 209.

français combattait avec succès les prétentions de la Savoie. Les auteurs allemands du XVIe siècle donnèrent également leur adhésion à la règle italienne (cent mille ou deux journées de voyage, d'après Bartole) (1). En principe, il était établi partout que la juridiction sur la mer adjacente appartenait à l'Etat riverain ; mais les notions n'étaient pas nettes sur l'origine de cette juridiction ni sur sa nature et son étendue dans l'espace (2). La protection de la navigation pacifique, d'après l'opinion la plus répandue, revenait à l'Etat jusqu'à la limite de la vue (3) ; mais il s'agissait là d'un droit plutôt que d'un devoir. Dans les pays qui, comme la France et l'Angleterre, n'avaient pas encore une forte marine marchande, les gouvernements étaient surtout soucieux de maintenir la paix dans leurs ports et rades et aux embouchures de leurs fleuves. Par le traité conclu en 1521 entre l'empereur Charles V et François Ier, roi de France, il fut stipulé que les sujets des deux puissances n'attaqueraient point les navires, de quelque nationalité qu'ils fussent, qui se trouvaient dans les ports, baies et fleuves de la juridiction d'Angleterre (4). Aussi considé-

(1) Meurer (*Wasser-Recht*, 2e partie) : « Der so auff dem Land die Oberkeit, der hat sie auch auf dem Meer darbey, biss auff zwo Tagreiss » ; Oetinger, *De jure et controversiis limitum*, liv. 1, chap. 12 : « biss in die hundert Meil hinein,oder auffs wenigst zwo Tag-Reiss » La limite de cent milles est donnée encore par quelques auteurs allemands du XVIIe siècle (Henricus Klock,*De vectigalium jure*, LXX ; Besoldus, *De jure et divisione rerum*, chap. 1, § 8 ; Reinkingk, *De regimine seculari et ecclesiastico*, liv. 1, classis 2, chap. 9, § 19.

(2) Charondas, *Le Code du Roy Henry III*, livre 20, titre 7, const. 28, note 4 : «... Comme le Roy est seigneur souverain des mers qui s'estendent à l'entour de son royaume, par le moyen de ce qu'en sa puissance est transféré tout le droict des choses communes et universelles par le droict naturel ou des gens : aussi la iuridiction sur icelles appartient à luy seul. »

(3) Morisotus, p. 468 ; Cleirac, p. 452.

(4) Dumont, IV, 1, p. 352.

rait-on comme exceptionnel le régime que des accords intervenus entre la France et l'Angleterre avaient établis pour les eaux voisines des îles de la Manche, Jersey, Guernesey, etc., à savoir qu'aucune hostilité ne devait être commise au large desdites îles *usque ad visum hominis*. La mer prit ici le caractère d'un lieu d'asile ou de refuge (1). Le fait que la limite de la vue fut adoptée dans le même sens par la loi maritime édictée pour les Pays-Bas le 31 octobre 1563 s'explique peut-être par la grande importance attachée à la protection du commerce maritime des ports néerlandais, commerce concentré, en outre, sur une côte de faible étendue (2). De même, le gouvernement dano-norvégien s'efforça de protéger la navigation sur les côtes de la Norvège jusqu'à la limite fixée auparavant dans la pratique, limite qui remonte, comme je l'ai dit, au principe du rayon visuel.

La question de la sécurité sur mer entrait, du reste, dans une phase nouvelle. Le puissant essor que prirent les armements maritimes en plusieurs pays contribua à faire supprimer les entreprises des pirates. D'autre part, les corsaires, les écumeurs de mer plus ou moins autorisés par les Etats belligérants, infestaient en nombre croissant les mers. C'est au commerce maritime des pays ennemis que s'attaquaient de préférence les belligérants ; pour cette besogne, les corsaires étaient indispensables. Ils étaient partout ; par le métier qu'ils exerçaient ainsi que par leurs mœurs, ils rappelaient les *condottieri* du moyen-âge. Tandis que la répression de la piraterie relevait du seul droit criminel,

(1) Expression de Cleirac, p. 452, sect. 6. Cleirac distingue nettement entre ce dernier cas et celui de la règle générale d'après laquelle les prises faites « si proche que les terres peuvent estre veues... ne doivent estre approuvées. Voire le Roy, ou le Prince prédominant... a sujet de s'en prendre et se picquer pour l'infraction et le mépris » (p. 452, sect. 5).

(2) Cleirac, p. 512 ; Bynkershoek, *De dominio maris*, chap. 2.

les mesures à prendre contre les entreprises des corsaires touchaient autant ou davantage encore à la politique internationale. Le changement de fait ainsi survenu n'affectait cependant pas grandement le système juridique relatif à la protection maritime dans les pays occidentaux ; les règles vagues léguées par le moyen-âge s'appliquaient aussi bien au nouvel état de choses. Tout au plus pourrait-on dire que la tendance à restreindre le rayon de l'action protectrice s'en est trouvée accentuée. L'effet était plus sensible dans la Méditerranée. La limite des cent milles était adaptée à l'origine à un problème dépendant exclusivement du droit criminel. Lorsque le problème se déplaça dans le sens du droit international, la théorie italienne dut subir des modifications importantes.

Les auteurs italiens, espagnols et portugais du XVIe siècle se prononcèrent à peu près unanimement en faveur de la limite des cent milles ou de la limite plus élastique donnée par Angelus (1). Du reste, une scission se produisit chez les auteurs italiens par suite de l'établissement du royaume espagnol des Deux-Siciles dont la capitale était Naples. Ayant des possessions sur les côtes de l'Adriatique, le nouveau royaume espagnol se trouvait en présence des prétentions vénitiennes sur cette mer : de là des conflits

(1) Citons parmi les auteurs du XVIe siècle : Hiéronymus de Monte (*Tractatus de finibus regundis*, chap. 7), Belluga (*Speculum Principum*, rubr. 30). Gomez de Léon (vol. 2, *Decisio* 12) ; parmi les auteurs du XVIIe siècle : Albericus Gentilis, *Advocatio Hispanica*, part. 1, chap. 8 ; Franciscus de Caldas Pereira, *Analyticus Commentarius*, chap. 2, § 13 ; Tapia, *Decisio* 22, § 4 ; Johannes de Solorzano Pereira, *De Indiarum jure*, liv. 3, chap. 3, § 41 ; Laratha, *Theatrum Feudale*, tome 2, part. 11, dilucidatio 48, § 10 ; Johannes de Ricciis, tome 2, *Resolutio* 13, § 4 ; Johannes Franciscus Sanfelicius, tome 3, *Decisio* 419, § 18 ; Dominicus Antunez, *De donationibus regiis*, tome 2, liv. 3, chap. 8, § 46 ; Crespi de Valdaura, part. 1, *Observatio* 15, conclusio 9 ; Scipio Rovitus, tome 3, *Consilium* 48, observatio Blasii Altimari, § 12.

occasionnés le plus souvent par les relations des deux puissances avec l'Empire ottoman. Venise soutenait que toute capture de navires turcs effectuée par les galères espagnoles dans l'Adriatique septentrionale jusqu'à l'île de Corfou, au sud, était illégale, et, d'autre part, que les capitaines de la république pouvaient capturer en territoire espagnol les navires turcs dont ils avaient commencé la poursuite dans la Mer Adriatique. Les autorités italo-espagnoles prétendirent, de leur côté, que Venise ne prenait pas de mesures suffisantes contre les déprédations turques : qu'elle prêtait, au contraire, une aide matérielle aux musulmans en leur permettant d'affréter des navires vénitiens. En outre, les jurisconsultes italiens au service du royaume de Naples niaient le bien-fondé des prétentions de Venise sur l'empire de la Mer Adriatique : souverain qui ne reconnaissait pas de supérieur, le roi d'Espagne n'était pas lié par l'assentiment que l'Empereur aurait donné à ces prétentions. Tout au plus, l'empire des Vénitiens s'imposait-il tant qu'ils étaient en possession effective de la mer ; mais, maintenant, cette possession avait pris fin, les galères espagnoles parcourant en tous les sens les eaux adriatiques (1). Les Vénitiens ne manquaient pas de répondre, en faisant valoir les opinions émises pendant plusieurs siècles par tant d'auteurs renommés (2).

Mais la brèche était ouverte dans la doctrine ancienne, déjà moins respectée. Les problèmes nouveaux réclamaient des solutions nouvelles. Une observation littérale de la règle des cent milles, trop généreuse vis-à-vis de l'Etat côtier, n'aurait pas été sans gêner sensiblement les belligérants sur mer. Il y avait même des écrivains soutenant que

(1) De Ponte, titre 11, § 13 et suiv. (p. 524 et suiv.) ; Capibianco, chap. 41, § 6 et suiv.

(2) Aux ouvrages cités par Fulton, p. 351, note 1, il faut ajouter la docte compilation de Johannes Palatius, *Leo maritimus sive de dominio maris*.

l'Etat côtier ne pouvait, en vertu de sa juridiction sur mer, interdire aux navires d'autres puissances de faire des prises que dans l'étendue de ses ports et rades (1). Les prises maritimes se faisaient, d'après eux, légalement sur tout l'espace de mer côtière couvert par la limite de cent milles. Cette limite était, cependant, trop vénérable aux yeux des jurisconsultes, même italo-espagnols, pour qu'elle fût abandonnée tout d'un coup. La majorité des publicistes autorisés s'arrêtaient donc à une solution transactionnelle. La doctrine, telle qu'elle se formait au XVIe siècle, est exposée par deux jurisconsultes du XVIIe siècle, l'un, Fulvius Constantius, jurisconsulte italien au service du royaume espagnol de Naples, l'autre, Crespi de Valdaura, jurisconsulte espagnol (2).

Suivant cette doctrine, les capitaines commandant des navires de guerre n'avaient pas le droit de capturer ni de visiter, dans un rayon de cent milles de la côte, les navires marchands, même appartenant à l'ennemi, qui étaient munis des lettres de sauf-conduit de l'autorité compétente de l'Etat côtier et faisaient voir ces lettres. Si, au contraire, les navires marchands rencontrés n'étaient pas munis de telles lettres, les capitaines des puissances belligérantes avaient la liberté de les visiter et, le cas échéant, de les capturer sur toute l'étendue de la mer côtière ; sauf dans les ports : le fait qu'ils s'y trouvaient sur ancre, démontrait qu'ils avaient été admis à participer au commerce du pays, et équivalait à la délivrance d'une lettre de sauf-conduit. La doctrine est, d'autre part, muette sur la question de savoir si un combat naval pouvait être engagé par les flottes armées des Etats belligérants en deçà de la limite des eaux territoriales d'un Etat neutre. C'est que la réponse n'était pas douteuse : une flotte de guerre n'était jamais pourvue

(1) Johannes de Ricciis, cité par Crespi, part. 1, *Observatio* 15, conclusio 9, § 228.

(2) V. Crespi, *loc. cit.*, § 209 et suiv.

de sauf-conduit, et le droit de se battre sur mer était un usage de la mer, libre pour tout le monde. En effet, cet usage particulier de la mer est resté libre longtemps après que la plupart des autres actes rentrant dans la catégorie de l'usage ont été interdits aux étrangers. Ici encore, une exception était faite au profit des ports : nul combat naval ne devait être livré dans ces lieux d'asile. On discutait, cependant, sur cette question : un navire marchand dont la poursuite aura été commencée en mer pourra-t-il être capturé dans le port ou bien, un combat naval pourra-t-il être continué jusque dans le port où se sera réfugié l'un des belligérants (1)? La doctrine à laquelle se rallièrent les deux auteurs cités, Fulvius Constantius et Crespi de Valdaura, se prononçait pour l'inviolabilité absolue des ports.

L'emploi des sauf-conduits ne fut naturellement pas restreint aux pays de la Méditerranée ; il fut tout aussi général et fréquent dans l'Europe occidentale. Très souvent, en temps de guerre, on donnait — on vendait — des brefs de sauf-conduit aux pêcheurs étrangers (2). Généralisant une coutume déjà établie, les gouvernements prirent l'habitude d'accorder la même sécurité par une disposition générale : les « trêves pêcheresses », d'usage constant en Europe jusqu'au XVIIIe siècle (3). Dans les brefs de sauf-conduit, la mer territoriale était généralement désignée dans des termes très vagues : notre mer, nos mers, etc. Certainement, le navigateur qui était muni de tels documents jouissait de la sûreté qu'ils créaient (sûreté variant un peu

(1) Celsus Hugo, *Consilium* 65, répondit que non, alléguant un arrêt du Conseil suprême d'Aragon au sujet d'un navire capturé par les Gênois dans un port des Baléares.

(2) Fulton, p. 74, et ailleurs.

(3) *Le Code du Roy Henri III, Roy de France et de Pologne*, livre 20, titre 16, const. 1 : « Voulons que pour la haranguaison et pesches d'autres poissons, notre Admiral puisse en temps de guerre accorder trêfues pescheresses à nos ennemis et à leurs subiects ».

d'après la puissance du souverain dont ils émanaient) dans toute l'étendue de la mer territoriale, et non seulement dans les ports et les autres lieux d'asile où la navigation était protégée d'une manière plus absolue. Mais justement, l'étendue des eaux territoriales n'était pas bien définie ; et l'emploi des sauf-conduits ne donna pas lieu, en Europe occidentale, à une doctrine spéciale cherchant à déterminer leurs effets dans l'espace. Ils aboutirent donc, en fin de compte, à troubler plus que d'éclaircir les idées sur la mer territoriale.

Si les idées sur la juridiction maritime se développèrent, au XVIe siècle, sans se préciser, il en fut de même des idées sur l'usage de la mer. La pêche ne figurait pas au premier plan dans la Méditerranée, mer peu poissonneuse ; aussi les notions sur le régime international de la pêche maritime restèrent-elles, pendant plusieurs siècles, à peu près stationnaires dans les pays de l'Europe méridionale. Le perfectionnement progressif du métier entraîna avec lui une réglementation toujours plus détaillée de la pêche (1) ; par contre-coup, la participation des pêcheurs étrangers se trouva plus surveillée. Mais, au point de vue des principes, rien ne fut changé. Dans les pays occidentaux, la pêche était plus importante et la liberté de la pêche, reconnue en principe, était expressément stipulée par nombre de traités internationaux (2). En France, la doctrine, tout en ne révoquant pas en doute la liberté de la pêche, attribuait au roi le droit de lever des impôts sur certaines pêcheries, et, en général, de réglementer l'exercice de la pêche dans la mer baignant les côtes françaises (3).

(1) Voir, par exemple, la prohibition, faite sur l'instance de la confrérie de pêcheurs à Barcelone, de l'emploi d'une certaine espèce de filet, dit gangil, en 1594 ; Cancer, II, p. 77.

(2) Voir, par exemple, les traités (du XVe siècle) entre l'Angleterre et les Pays-Bas, Fulton, p. 69 et suiv.

(3) Degrassailles, *Jus* XX (p. 212) : *Redditus piscationum... intel-*

De préférence, les pêcheurs étrangers venaient cependant chercher leur profit dans les eaux anglaises plus riches en poisson. Aussi la réaction contre la liberté laissée aux pêcheurs étrangers se fit-elle sentir plus fortement en Angleterre qu'en France. Les craintes des patriotes qui virent l'industrie nationale de la pêche tomber en décadence tandis que les bateaux pêcheurs néerlandais, les *busses*, tiraient des richesses énormes de la mer, tout près du rivage anglais, contribuèrent avec la jalousie des pêcheurs nationaux à former une opinion qui, réclamant la taxation des pêcheurs étrangers, pressait déjà sur le gouvernement d'Elisabeth (1). Pendant ce règne se formula aussi une doctrine, rattachée au nom de Thomas Digges, qui revendiquait pour la couronne anglaise la propriété du rivage de la mer (*litus*), à l'instar de la jurisprudence romaine et continentale : pour prouver le bien-fondé de sa thèse, nouvelle en Angleterre, Digges assigna au souverain le droit de propriété sur la mer et le fond de la mer ; la liberté de la pêche dont jouissaient les pêcheurs étrangers leur était accordée comme une faveur, *jure gentium* (2). Mais le gouvernement d'Elisabeth était lui-même en train de défendre, sur plusieurs points du globe, la liberté de la pêche et de la navigation ; il ne prêta donc pas l'oreille aux voix

ligendo de piscationibus ex quibus Rex exigit publicos redditus, vectigalia imponendo : alioquin piscatio est omnibus communis tam in mari quam in fluminibus publicis » ; cf. Cuiacius, *Paratitla*, Dig. 43, 14 ; *Opera postuma*, *Commentaria*, Dig. 50, 16 : *Ius piscandi in lacu publico non omnibus patet, sicut patet in mari, vel flumine publico, sed proprium est reipublicæ* ; Charondas, *Code du Roy Henry III*, livre 20, titre 16, const. 1, note 1 : « Comme la seigneurie de la mer appartient au Roy, selon l'estendue et circuit du Royaume, aussi la forme et le droict d'y pescher dépend de son authorité, et c'est à luy d'en prescrire et ordonner les loix ».

(1) Sur la propagande du docteur John Dee, voir Fulton, p. 99 et suiv.

(2) *Ibid.*, p. 361 et suiv.

qui s'élevèrent contre les privilèges des pêcheurs étrangers dans les eaux anglaises.

Cependant, l'évolution normale des règles sur la juridiction maritime et sur l'usage de la mer allait être arrêtée par des luttes plus grandioses, où étaient en jeu, d'une manière directe ou indirecte, les intérêts de tous les pays maritimes de l'Europe : luttes résultant des prétentions de certaines puissances à s'approprier, non la juridiction ou l'usage exclusif d'une bande élargie de la mer côtière, mais la souveraineté des hautes mers elles-mêmes. Dans l'agitation qui se déchaîna disparurent les systèmes juridiques développés dans la Méditerranée et dans les mers du Nord au sujet de la mer territoriale.

V

MARE LIBERUM ET MARE CLAUSUM : LA POLITIQUE

Les prétentions que certains Etats ont émises à la domination des grands espaces de mer remontent, celles de la Norvège au XIIIe siècle, celles du Portugal et de l'Espagne au XVe siècle. Ce n'est que pendant le XVIe siècle que les autres puissances maritimes de l'Europe, la France, l'Angleterre et les provinces rebelles des Pays-Bas, ayant pris à leur tour le goût des navigations lointaines et des entreprises coloniales, entrèrent en lice pour contester aux royaumes des péninsules ibérique et scandinave leur droit de fermer les hautes mers aux navires étrangers. Sous cette pression de plus en plus forte plièrent, vers le commencement du XVIIe siècle, les prétentions norvégiennes, portugaises et espagnoles ; mais sur leurs ruines se dressa, formée à leur image, la prétention britannique à la domination des quatre mers.

Quant à l'empire maritime portugais et espagnol, son histoire n'a, à proprement parler, jamais été faite. Sur certains épisodes de la lutte internationale engagée à son sujet, des renseignements ont été publiés (1) ; mais la plus grande partie de la correspondance diplomatique y ayant trait est restée toujours sur les rayons des archives. Pourtant, les phases décisives de cette lutte sont suffisamment

(1) Voir, par exemple, De La Roncière, III, p. 296-306 ; Fulton, p. 106 et suiv.

connues pour qu'on puisse en mesurer l'influence sur les notions de la mer territoriale.

Le partage des grandes mers effectué par l'accord intervenu entre le Portugal et l'Espagne en 1494 était lettre morte à partir du moment où le gouvernement de ces deux royaumes, réunis depuis 1580, se vit dans la nécessité de reconnaître l'acquisition, par l'Angleterre et les Provinces-Unies des Pays-Bas, de colonies importantes dans les Indes Orientales et Occidentales et,en conséquence, le droit de ces nouvelles puissances coloniales de commercer avec leurs propres possessions. C'était, en effet, l'état de choses déjà existant qui fut consacré dans les traités de paix conclus par l'Espagne avec la Grande-Bretagne en 1604 et avec les Pays-Bas en 1609. La victoire diplomatique remportée par l'Espagne sur la France qui, évitant la lutte avec elle, porta ses efforts coloniaux vers l'Amérique du Nord, fut annihilé lorsque le gouvernement espagnol abrogea, en 1609 la défense faite aux navigateurs hollandais de passer la ligne équatoriale.

Mais le vaste empire colonial espagnol et portugais subsistait ; un régime exceptionnel, qualifié depuis ce temps-là de « colonial », s'était établi. Non seulement, le commerce avec les colonies restait, en règle générale, interdit aux étrangers (1) ; mais les navires étrangers étaient obligés de se tenir à une certaine distance de leurs côtes. Des flottes, dites *armadas da costa*, étaient spécialement équipées pour empêcher les navires étrangers de s'approcher des côtes. La distance qu'il fallait observer n'était pas définie par la législation espagnole ; c'était aux capitaines espagnols de la déterminer dans chaque cas. Plus tard, au XVIIIe siècle, les procédés prétendus arbitraires des

(1) S'il était permis de faire du commerce dans les colonies, c'était à la condition que les marchandises rapportées fussent déchargées dans un port portugais ou espagnol ; plusieurs traités du XVIIe et XVIIIe siècles contiennent de telles dispositions.

garde-côtes espagnols donnèrent lieu à des conflits internationaux (1). A la fin même de ce siècle, la Grande-Bretagne interdit à ses sujets, en vertu d'un traité conclu avec l'Espagne, de naviguer et de pêcher dans un espace de dix lieues au large des possessions espagnoles dans l'Océan Pacifique (2).

Somme toute, la puissance maritime des Espagnols et des Portugais n'a eu, ni au temps de son plus grand lustre, ni lors de sa décadence, d'influence sensible sur les notions de la mer territoriale. Celle-ci, d'origine européenne, résultant avant tout des conditions sociales et des relations internationales du vieux monde, ne pouvait se ressentir beaucoup du régime spécial qui était en vigueur dans les colonies d'outre-mer, régime qui n'avait, du reste, répétons-le, aucune précision. Par contre, l'empire maritime de la Norvège portait sur une mer européenne. Il laissa, au moment même d'être liquidé, la place à un autre système qui, mieux adapté aux exigences du temps, a pu survivre.

Le traité anglo-danois de 1490 ouvrit le commerce de l'Islande aux sujets anglais. Le caractère décisif de cette mesure, rompant avec la politique traditionnelle de la Norvège, est mis en évidence par ce fait que les villes hanséatiques et hollandaises obtinrent, en vertu d'ordonnances royales de la même année, la même liberté de commerce en Islande (3). De fait, les Hanséates s'étaient emparés, au cours du XVe siècle, du commerce islandais, et les privilèges accordés aux Anglais et aux Hollandais étaient destinés à mettre ces derniers en état de contrebalancer l'influence hanséatique. Cette ingénieuse politique de balance n'était cependant pas faite pour réussir. Les Hanséates avaient déjà pris

(1) Voir plus tard, p. 119-120.

(2) Traité du 28 octobre 1790, art. 4, confirmé par l'article additionnel au traité conclu par les mêmes puissances le 5 juillet 1814.

(3) Ræstad, p. 81 et suiv.

le dessus, et pendant tout le XVIe siècle, le commerce anglais en Islande était dans un état d'infériorité marquée Des rixes éclatèrent fréquemment entre les Anglais et les Allemands sur terre, et de vrais combats furent livrés sur mer ; les indigènes furent souvent amenés à prendre part à ces conflits de part ou d'autre. Des plaintes furent adressées au gouvernement danois, tantôt par l'Angleterre, tantôt par les villes hanséatiques (1).

Malgré la stipulation expresse du traité de 1490, les autorités locales d'Islande, ayant conservé une certaine autonomie, s'obstinèrent à défendre aux Anglais de faire la pêche au large des côtes islandaises. La même défense fut appliquée aux Allemands qui, cependant, ne s'occupèrent que très peu de la pêche. L'assemblée populaire d'Islande, l'Althing, supplia, en 1533, le roi Frédéric de prendre des mesures en vue d'écarter du pays la navigation des pêcheurs anglais (*duggarar*). Par une lettre adressée à Henri VIII, roi d'Angleterre, le 13 octobre 1532, Frédéric I s'était déjà plaint de ce que les Anglais ne craignissent pas d'envahir les pêcheries que les Islandais avaient de tout temps exercées dans la mer adjacente, et qu'ils s'étaient toujours réservées à eux-mêmes (2).

Les ennuis multiples causés par la présence des étrangers en Islande amenèrent le gouvernement dano-norvégien à regretter la politique inaugurée en 1490. Les pêcheurs anglais, livrés aux tracasseries des fonctionnaires locaux, se retirèrent dans le petit archipel des Vestmannöer, consentant à payer, pour l'exercice de leur industrie, des droits au bailli qui y résidait (3). Quant au commerce, après une tentative

(1) En 1533, une conférence fut tenue à Hambourg et à Segeberg sous la présidence du prince héritier de Danemark à l'occasion de différends survenus, l'année précédente, entre commerçants anglais et allemands ; Ræstad, p. 134-135.

(2) *Ibid.*, p. 132 et suiv.

(3) *Ibid.*, p. 136-137.

avortée de le monopoliser aux mains d'une compagnie de Copenhague (1547), le gouvernement de Frédéric II s'avisa de faire passer en régie la vente du soufre et de certaines autres denrées importantes; de cette manière, il réussit à saper dans ses bases la liberté du commerce en Islande (1).

Les provinces septentrionales de la Norvège n'étaient pas comprises dans la mesure libérale de 1490. Le commerce y appartenait toujours, par privilège, aux deux villes de Bergen et de Trondhjem. A la suite de l'expulsion, en 1559, de la partie de la colonie hanséatique de Bergen qui refusait de se laisser naturaliser, le corps des marchands de cette ville privilégiée était redevenu national. D'autre part, Trondhjem se trouva, à partir d'environ 1570, ouvert à la navigation étrangère (2). La zone réservée aux nationaux était donc reculée à la frontière méridionale de Haalogaland. Cette frontière ne fut, jusqu'au milieu du XVIe siècle, que très rarement franchie par des navigateurs étrangers. Un changement se produisit lorsque la route de la Mer Blanche fut rouverte par l'expédition de Richard Chancellor, en 1553.

Dès le début, le gouvernement dano-norvégien fut vivement préoccupé par les expéditions anglaises vers la Mer Blanche, expéditions qui, à ses yeux, étaient de nature à menacer le commerce de Bergen et à porter un préjudice considérable aux revenus du Trésor provenant du péage d'Oresund. Le gouvernement craignait que le commerce russe ne prît à l'avenir la route de la Mer Blanche plutôt que celle de la Baltique. La question des moyens de parer à ces dangers fut examinée par l'assemblée des

(1) Bæstad, p. 85 et suiv.

(2) *Ibid.*, p. 96.

(3) Pour l'histoire de la politique dano-norvégienne dans la question de la navigation vers la Russie du Nord, voir *ibid.*, p. 100 et suiv.

notables réunie à Copenhague en 1557. L'assemblée fut saisie, en même temps, d'une lettre, datée du 18 août 1556, de Gustave Vasa, roi de Suède, qui, alors en guerre avec les Russes, se plaignait de ce que les Anglais importassent des armes dans la Russie par la voie de la Mer Blanche, et exhortait le roi Christian III à mettre fin à ce trafic. Les notables émirent cependant l'avis qu'il n'y avait pas lieu de s'opposer par la force à cette navigation. Plus tard, pendant la guerre avec la Suède (1563-1570), le roi Frédéric II envoya en Angleterre son plénipotentiaire, Albert Knopper, pour protester, entre autres choses, contre les entreprises nouvelles des Anglais qui, sans permission et contre la teneur même des traités, naviguaient jusqu'en Russie à travers les mers norvégiennes. Cette démarche resta infructueuse. Attirés par le succès des pionniers anglais, les Néerlandais armèrent, à leur tour, des navires pour la navigation de la Mer Blanche ; ils trouvaient, du reste, profit à faire le commerce sur la côte Mourmane, près de la frontière norvégienne. Bientôt, on signalait des illégalités de la part de ces étrangers, qui pêchaient dans les eaux norvégiennes et faisaient le commerce avec les indigènes, en violation des privilèges de Bergen et de Trondhjem. Sur ces entrefaites, le gouvernement de Copenhague insista auprès des gouvernements anglais et néerlandais afin d'obtenir la cessation des armements de leurs sujets. Il faisait prélever un droit sur les navires étrangers passant la forteresse de Vardöhus en route pour la Russie ; des navires équipés par les bourgeois de Bergen étaient commissionnés pour faire la surveillance dans ces parages.

Pour aplanir les différends qui s'étaient élevés entre la monarchie dano-norvégienne et l'Angleterre, des délégués danois et anglais se réunirent à Hambourg en 1577. A cette occasion, on entra dans la discussion de la question de la liberté des mers. Les délégués danois donnèrent, en principe, raison à leurs collègues anglais faisant valoir que la navigation sur la haute mer était libre pour tout le monde ; mais, d'après eux, cette liberté pouvait être restreinte ou abrogée par des traités, par l'usage ou par la prescription. Les délégués danois citèrent, à l'appui de leur thèse, l'exemple des Espagnols et des Portugais qui ne permettaient pas aux Anglais de naviguer vers les Indes Orientales et Occidentales (1). Les points de vue des deux parties étaient si divergents que les négociateurs ne purent tomber d'accord sur aucun projet à soumettre à leurs gouvernements.

Après l'échec de cet échange de vues, Frédéric II redoubla d'insistances auprès des gouvernements intéressés, et d'efforts pour tenir en respect les navires étrangers qui passaient devant Vardöhus. Erik Munk, capitaine de la flotte royale, fut en 1582 envoyé sur place avec l'ordre de saisir les navires qui trafiquaient avec la Russie du Nord sans permission royale. Munk effectua de nombreuses saisies. L'effet ne se laissa pas attendre. Au mois de juin 1583, des négociations furent ouvertes à Haderslev entre délégués danois et anglais. Les questions de droit des gens furent de nouveau abordées. Voici l'argumentation danoise : d'après le droit naturel, les hautes mers sont bien la propriété commune de l'humanité entière ; mais ce droit a été abrogé par le droit des gens ultérieur ; les rois de Norvège, en prenant possession de l'Islande et du Grönland, ont acquis l'empire de la mer interjacente. Cette fois, les négociations aboutirent. Par un arrangement du 22 juin 1583, le roi de Norvège permit aux marchands anglais de la Compagnie Moscovite de naviguer par toute la Mer Septentrionale jusqu'au port de St-Nicolas en Russie, contre paiement d'un impôt annuel de 100 rosenobles (2). Les pourparlers entamés avec d'autres puissances, notamment avec les Pays-Bas, les villes hanséatiques et la France (3), n'abou-

(1) Ræstad, p. 107.

(2) *Ibid.*, p. 110.

(3) Au sujet des pourparlers avec la France, voir L. Delavaud, *Les Français dans le Nord*, p. 89 et suiv. (XIII et XIV).

tirent pas à un règlement définitif de la question. Les navires étrangers en dehors de la Muscovy Company payèrent, à Elseneur ou à Vardöhus, des droits de passeport dont le montant fut définitivement fixé sous le règne de Christian IV.

En face des protestations de tant de nations qui se réclamaient de la liberté des mers, liberté reconnue en principe par le gouvernement dano-norvégien lui-même, comment était-il possible de maintenir l'existence légale de l'empire norvégien sur la Mer Septentrionale dont se réclamaient les délégués danois en 1577 et en 1583? La thèse des jurisconsultes danois pourrait, à cet égard, se résumer de la manière suivante : la Mer Septentrionale doit être considérée comme un bras de mer dont l'empire revient, à juste titre, à l'Etat qui en possède les deux rivages (1). Ce raisonnement paraîtrait bien étrange à celui qui ne connaîtrait pas les idées géographiques qu'on avait à cette époque au sujet des régions arctiques et subarctiques (2).

Les Norvégiens, ayant poussé au moyen-âge leurs navigations jusqu'aux terres environnantes à l'ouest, au nord et à l'est de l'Océan Arctique, jusqu'au Grönland, jusqu'au littoral de la Mer Blanche, peut-être même jusqu'à la Nouvelle-Zemble, jusqu'au Spitsberg et à la banquise du nord, se figuraient que le Grönland découvert par eux était la partie la plus occidentale d'un vaste continent arctique qui, lon-

(1) Voir, à côté des déclarations danoises lors des négociations de 1577 et 1583, une lettre de Frédéric II à la reine Elisabeth du 3 mars 1583 : ... *Nisi mare istud, cuius navigatio libera prætenditur, utriusque littoris quo continetur ratione, potestati nostræ ac protectioni subjectum esset* (Ræstad, p. 110), ainsi qu'une lettre du même roi adressée au Conseil de Lubeck le 14 mars 1582 : *So ist auch nichtt allerding vor eine raume wilde Sehe und offene Sieglation oder Handtierung zu hallen, welchs da kan gesperret und gewehret werden* (*ibid.*, p. 108).

(2) Voir, sur l'histoire des idées géographiques, Ræstad, *Norges Höihetsret over Spitsbergen*, p. 1 et suiv., et le même auteur, *Kongens Strömme*, p. 151 et suiv., et les auteurs cités par lui.

geant au nord la Mer Septentrionale, se joignait à la Russie du nord (Nouvelle-Zemble). Longtemps ils pensèrent que la Mer Septentrionale se terminait par un golfe dont l'extrémité orientale était la Mer Blanche. Plus tard, au XVIe siècle, on s'aperçut que la Nouvelle-Zemble était séparée de la Russie continentale par un détroit ; c'est alors qu'on commençait à chercher la route du nord-est pour atteindre la Chine et l'empire fabuleux de Cathay. Mais le trait principal de la conception norvégienne, c'est-à-dire le continent arctique du Grönland, se maintint chez les géographes européens. En remplissant l'Océan Arctique par ce continent imaginaire, on parvint à rétrécir la largeur véritable de la Mer Septentrionale de manière à la concevoir comme un détroit, un bras de mer, entre la Norvège septentrionale d'un côté et les possessions norvégiennes, l'Islande et le Grönland, prolongé jusqu'à la Nouvelle-Zemble, de l'autre côté. Golfe, bras de mer ou détroit, la Mer Septentrionale tomba sous la règle bien connue du droit des gens qui attribuait les mers intérieures à l'Etat riverain.

La Compagnie Moscovite de Londres acquitta le tribut annuel de 100 rosenobles pendant une dizaine d'années ; mais, après 1594, elle en cessa le paiement. L'arrangement de Haderslev, valable pendant la vie des deux souverains, était du reste expiré depuis la mort de Frédéric II en 1588 (1). Les difficultés avec les pêcheurs anglais se multiplièrent durant les premières années du règne de Christian IV. En 1598, il fut interdit aux Anglais de faire la pêche entre les Vestmannöer et l'Islande, et à une distance de deux milles au large des Vestmannöer (2). Par un ordre du 1er août de la même année, le roi enjoignit au commandant de Vardöhus de ne plus permettre aux Anglais de faire la pêche, même contre paiement d'une redevance, dans les parages de

(1) Ræstad, p. 111.
(2) *Ibid.*, p. 195.

Finmarken. En 1599, quatre navires anglais qui se livraient à la pêche en haute mer, non loin de Vardöhus, furent saisies par une escadre qui accompagnait le roi Christian IV lui-même (1).

L'intransigeance du jeune monarque provoqua des remontrances de la part du gouvernement anglais. Après une correspondance assez vive on entra de nouveau dans la voie des négociations. Pendant les mois d'octobre et de novembre 1602, des délégués anglais et danois, réunis à Brême, échangèrent leurs vues sur les questions juridiques que soulevaient les conflits au sujet de la navigation et de la pêche dans les mers septentrionales (2).

Cette discussion, qui touchait de près les mêmes questions qui furent traitées quelques années plus tard dans le *Mare Liberum*, mérite d'être signalée. Déjà les instructions données aux délégués anglais (3) expriment nettement les théories qui, dans nos souvenirs, sont associées au nom de Grotius. Bien que l'Etat riverain ait la surveillance et la juridiction sur la mer jusqu'à une faible distance de la côte — voilà la thèse de ces instructions — les souverains n'ont pas l'habitude d'y interdire la pêche, moins encore la navigation ; il n'est pas non plus soutenable que la mer dépende des rivages des deux côtés ; car alors, toute mer appartenant en moitié à chaque rivage, il s'en suivrait que nulle partie de la mer ne serait commune à tout le monde. Quant à la mer située entre l'Islande et la Norvège, elle est trop large pour que le roi de Norvège puisse s'en attribuer la propriété, d'autant plus que les navires anglais ne viennent jamais en vue de ses terres. Les délégués anglais se bornèrent à développer cette argumentation. Se conformant à la doctrine du droit féodal, ils reconnurent cepen-

(1) Ræstad, p. 195 et suiv.

(2) Sur la conférence de Brême, voir *ibid.*, p. 198 et suiv.

(3) Rymer, VII, 2, p. 28-29.

dant que l'Etat côtier pouvait prélever des droits sur la pêche exercée au large de ses côtes, en raison de la protection accordée aux pêcheurs contre les entreprises des pirates ; aussi se déclarèrent-ils prêts à considérer toute proposition qui tendrait à réserver au roi de Norvège ses revenus habituels provenant de la pêche. Aux délégués danois tâchant de prouver par l'exemple de Venise et les déclarations des auteurs que l'empire des mers était acquis à la Norvège, Etat riverain, en vertu d'un usage immémorial, les délégués anglais objectaient que tout cela avait trait à la protection et à la juridiction, et non à la propriété des mers.

Suivant leurs instructions, les délégués danois déclarèrent que le traité de 1490 était considéré par le gouvernement de Copenhague comme abrogé, les pêcheurs anglais n'ayant pas eu soin de renouveler la permission septennaire et ayant, en outre, perdu les droits que leur reconnaissait le traité, en raison des turbulences et voies de fait auxquelles ils s'étaient livrés en Islande. Le gouvernement danois, distinguant entre la pêche au large de l'Islande, du Finmarken et de la Laponie, se déclara, dans les instructions données à ses délégués, prêt à permettre aux pêcheurs anglais de pêcher au large de l'Islande, à condition qu'ils se tinssent à une distance de deux *mil* (lieues) de la côte et ne fissent aucun commerce en Islande (1). La pêche du Finmarken demeurerait interdite aux pêcheurs étrangers. Quant à la pêche de la Laponie, les délégués danois étaient autorisés à la permettre, pourvu que les pêcheurs qui s'y livraient payassent un droit au commandant de Vardöhus, en reconnaissance de la souveraineté norvégienne dans ces parages. Vu la tournure que prenaient les négociations de

(1) Le gouvernement de Christian IV avait déjà, six mois avant la conférence de Brême, annulé la liberté du commerce étranger en Islande, en accordant à trois villes danoises : Copenhague, Elseneur et Malmö, le monopole du commerce islandais ; Voir Ræstad, p. 206-207.

Brême, les délégués anglais refusant de reconnaître que le traité de 1490 était abrogé, les délégués danois se contentèrent d'insister pour interdire la pêche sur les côtes d'Islande et de Norvège, y ajoutant une défense pareille pour ce qui concernait la pêche au large des Færöer. Les délégués anglais ne manquèrent pas de protester contre ces interdictions, les qualifiant d'illégales et de déraisonnables (1). La navigation vers la Mer Blanche fut aussi mise en cause à Brême. Ici, les Danois soutenaient que l'arrangement de 1583 devait conserver sa force, de sorte que tout navire naviguant sans permission danoise fût susceptible de confiscation ; les Anglais déclaraient insoutenable cette servitude imposée à leurs marchands.

La conférence de Brême, au lieu de préparer l'entente, mit en pleine lumière l'abîme qui existait entre les thèses anglaises et danoises. Bien que le duel des plaidoyers se livrât sur le champ commun du droit romain et féodal, en réalité deux systèmes différents de droit international se trouvaient opposés l'un à l'autre. A vrai dire, si les délégués danois se servaient de la terminologie du droit des gens italien, ce n'était que pour en répudier les idées. Il est difficile de savoir quel aurait été le dénouement du conflit anglo-danois, si les délégués anglais, de retour en Angleterre, avaient trouvé les autorités disposées à soutenir en fait la politique dont ils avaient été les avocats à Brême. Mais peu de temps après leur retour, la reine Elisabeth décéda ; son successeur, Jacques, roi d'Ecosse, le beau-frère de Christian IV, ne partageait pas du tout les idées des délégués anglais. Un revirement brusque se produisit dans la politique anglaise ; les nouvelles idées qui prévalurent avaient beaucoup plus d'affinité avec la politique de Christian IV qu'avec celle d'Elisabeth. Le défi lancé par le roi de Norvège resta donc sans réponse ; il put, sans être entravé,

(1) Rymer, VII, 2, p. 57.

consolider la politique inaugurée par ses ordonnances sur la pêche étrangère.

Après l'avènement de Jacques Ier, la Grande-Bretagne, sortant de l'alliance avec les Provinces-Unies, s'était hâtée de faire la paix avec l'Espagne. Dans la guerre qui se prolongea entre les deux dernières puissances, les Hollandais, victorieux sur mer, capturèrent des navires espagnols tout près de la côte anglaise. Par une proclamation en date du 1er mars 1604, Jacques défendit toute violence dans les ports anglais et les espaces de mer adjacents. Ces espaces étaient déterminés en traçant des lignes droites entre les promontoires de la côte ; ils étaient dénommés les chambres royales (*King's Chambers*). Le vrai sens de cette mesure, souvent méconnue, est facilement saisi lorsqu'on compare les termes employés par la proclamation avec le droit contemporain, limitant la protection ordinairement offerte à la navigation pacifique aux ports mêmes et ne reconnaissant, en règle générale, pour la mer côtière en dehors des ports, que la protection offerte sous forme de sauf-conduits. Or, la proclamation statue que les navires étrangers rencontrés dans les King's Chambers seront censés sous la protection royale ; car, y lit-on, les captures faites aux abords d'un port sont un aussi grand préjudice pour le commerce maritime que si elles étaient effectuées dans le port même (1). Comparée avec les règles du droit contemporain, la proclamation du 1er mars 1604 élargit donc la compétence de l'Etat côtier en assimilant le régime de la mer adjacente (King's Chambers) à celui des ports, bien que les Chambers s'étendent à certains endroits à une distance de plusieurs lieues de la terre. D'autre part, l'Amirauté anglaise repoussait les conclusions de l'avocat qui plaidait la cause des Espagnols capturés, Albericus Gentilis, pré-

(1) Le texte de la proclamation est reproduit par Fulton, p. 750 et suiv.

tendant que les limites de la juridiction ordinaire de l'Angleterre, portées par lui à 100 milles de la terre ou davantage si aucun autre Etat n'était plus proche, devaient être préférées aux limites de 1604 (1).

La question de la pêche fut abordée dans le projet de traité élaboré la même année pour régler les relations réciproques de l'Angleterre et l'Ecosse. D'après ce projet, la pêche dans les baies et les firths et jusqu'à la distance de quatorze milles au large des côtes devait être réservée, en Ecosse aux Ecossais, en Angleterre aux Anglais. Le projet fut rejeté, pour des raisons d'ordre politique, par le Parlement anglais (2). La question de la pêche ne cessait toutefois pas d'occuper l'opinion en Ecosse et en Angleterre. Dans ce dernier pays, les plaintes contre les pêcheurs néerlandais, restées sans suite sous le règne d'Elisabeth, furent renouvelées auprès de son successeur. En Ecosse, on craignit que le gouvernement de Londres ne sût pas sauvegarder d'une manière suffisante les intérêts des pêcheurs écossais menacés par les pêcheurs étrangers. Tout en voyant d'un œil favorable les démonstrations populaires contre la pêche étrangère, le gouvernement de Jacques Ier ne songeait cependant pas à fermer tout d'un coup à cette pêche les eaux britanniques. Son premier but était de soumettre les pêcheurs étrangers à l'obligation de prendre des permis délivrés contre paiement d'un droit par les autorités anglaises et écossaises. Telle était, en effet, la portée de la proclamation royale du 6 mai 1609, abrogeant la liberté illimitée de pêche dont avaient joui auparavant les pêcheurs étrangers dans les eaux anglaises (3). Sur l'instance du gouvernement français, l'exécution de cette proclamation fut différée pendant un an ; et, en 1610, les Néerlandais obtinrent une prorogation

(1) Fulton, p. 122-124.
(2) *Ibid.*, p. 223.
(3) Pour l'histoire de cette proclamation, voir *ibid.*, p. 145 et suiv.

ultérieure jusqu'à nouvel ordre. En 1616 et 1617, les pêcheurs néerlandais pêchant au large des îles écossaises furent sommés par des commissaires anglais de payer des redevances ; mais alors les Etats généraux prirent des mesures pour protéger leurs nationaux. La question de la pêche fut soulevée par le gouvernement anglais pendant ses négociations avec les Pays-Bas en 1618 et 1619. En fin de compte, les Etats généraux donnèrent l'ordre aux pêcheurs néerlandais de ne pas s'approcher trop de la côte écossaise (1623) (1). Jacques Ier dut se contenter de cette concession bien vague. Sa politique fut reprise par Charles Ier qui, le 10 mai 1636, défendit de nouveau aux pêcheurs étrangers d'exercer leur industrie sur les côtes anglaises sans permission royale (2). En 1636, deux cents bateaux de pêche néerlandais furent contraints de payer les droits stipulés ; l'année suivante, une forte escadre néerlandaise chassa les percepteurs royaux. L'offensive tentée par Charles Ier donna donc des résultats mesquins. Les victoires remportées par les Anglais dans les trois guerres avec les Néerlandais n'y changèrent, en apparence, rien. D'autre part, les progrès réalisés par la pêche anglaise au XVIIIe siècle faisaient évanouir les jalousies entretenues jadis à l'endroit des Hollandais ; l'expansion progressive de cette industrie nationale recommandait une politique différente de celle des Stuart. De fait, les Hollandais, sentant l'infériorité de leurs forces, se tenaient plus loin des côtes écossaises et anglaises qu'auparavant (3).

Bien que la politique des Stuart en matière de pêche ne fût couronnée que d'un succès médiocre, elle marque une rupture décisive avec les idées de l'époque d'Elisabeth. Par l'importance retentissante des mots employés, sinon

(1) Fulton, p. 201.
(2) *Ibid.*, p. 292 et suiv.
(3) *Ibid.*, p. 604.

par les actes accomplis, elle dénote des aspirations à un empire maritime outrepassant les limites ordinaires de la mer territoriale. Sous son influence, la Grande-Bretagne reconnut le bien fondé des réclamations faites par le gouvernement dano-norvégien au sujet de la pêche et de la chasse aux baleines auxquelles les sujets britanniques se livraient au large des côtes de la Norvège et de ses dépendances, l'Islande et les Færöer (1). L'empire britannique sur mer fut reconnu par les Néerlandais lorsqu'ils consentirent, dans le traité de Westminster de 1674, à saluer les navires britanniques rencontrés en mer depuis le cap Finisterre, en Espagne, jusqu'au cap Stadt, en Norvège. Mais, ici, l'affirmation des droits britanniques à l'empire des mers sort du domaine juridique pour devenir essentiellement politique. Et, bien que dans la correspondance diplomatique, dans les discours politiques et dans la littérature des XVIIe et XVIIIe siècles, le mot d'empire ait souvent été employé dans sa signification juridique, l'esprit anglais a, ici encore, manifesté son caractère pratique : l'empire juridique de la Grande-Bretagne sur les quatre mers a souvent été invoqué pour décider les autres puissances maritimes à renoncer à leurs prétentions exagérées sur la mer ; mais jamais, après l'époque des Stuarts, la puissance réelle de la Grande-Bretagne sur mer n'a été liée à une formule juridique quelconque.

(1) Ræstad, p. 213-214, 219 et suiv. ; Fulton, p. 175-176.

VI

MARE LIBERUM ET MARE CLAUSUM : LA DOCTRINE

Un mois après la publication du *Mare Liberum*, le gouvernement espagnol reconnut aux Néerlandais,par le traité d'armistice du 9 avril 1609, le droit de naviguer sur l'Océan Indien. Le but que s'étaient proposé les directeurs de la Compagnie néerlandaise des Indes en faisant publier, sans nom d'auteur, l'ouvrage de Grotius, avait donc été atteint avant même que les idées exposées dans ce livre eussent pu influencer l'opinion publique en Europe. Le *Mare Liberum* n'attira, en effet, que très peu l'attention jusqu'à ce que de nouveaux litiges eussent surgi au sujet de la liberté des mers, cette fois entre la Grande-Bretagne et les Pays-Bas. Le livre fut réimprimé en 1618 sous le nom, maintenant bien connu, de Hugo Grotius. Il eût alors un retentissement tel que, pendant des siècles, il a été plus connu qu'aucun autre ouvrage sur le droit des gens, excepté peut-être le traité capital de Grotius lui-même sur le *Droit de la guerre et de la paix* (*De jure belli et pacis*, 1625).

Ce qui a assuré à l'œuvre de Grotius une situation unique dans l'histoire du droit des gens, ce n'est pas seulement le savoir de l'auteur, bien que le *Mare Liberum*, selon la coutume du temps, soit rempli de citations tirées du droit romain, des auteurs classiques et de l'histoire sainte. Ce n'est pas, non plus,la nouveauté ou la hardiesse des idées ; car, dans tout l'ouvrage, il ne se trouve aucune pensée qui soit tout à fait inédite. La liberté de la navigation avait été préconisée, dans des termes aussi explicites, et avec les mêmes arguments, ou à peu près, par le jurisconsulte espagnol Ferdinandus Vasquius (1), cité par Grotius, et par les plénipotentiaires anglais à Brême en 1602. Ce qui distingue le *Mare Liberum* des ouvrages antérieurs, c'est la manière de traiter les questions de droit. Ici, plus de tentative laborieuse pour forcer la jurisprudence naissante des relations internationales à entrer dans le vieux cadre du droit romain. Avec une maîtrise parfaite, l'auteur sait sérier son argumentation : les arguments se suivent en s'enchaînant. A vrai dire, le livre de Grotius est un plaidoyer : plaidoyer éloquent, employant sans scrupules la doctrine juridique dans un but politique. Sans doute, Grotius avait le sens politique. Privilège de la jeunesse, il avait aussi ce sens moral qui inspire les paroles et les actes. Non sans raison, il adressait son plaidoyer à tous les princes et à tous les peuples libres du monde civilisé.

Un peu tardivement, Grotius eut des contradicteurs en Espagne et en Portugal, les deux pays dont il avait condamné l'insatiable ambition de vouloir fermer les grandes mers à la navigation commune. La réponse de Franciscus Seraphinus de Freitas, auteur portugais, parut en 1625 (2), celle de Johannes de Solorzano Pereira, espagnol, en 1629 (3). A cette époque, les prétentions des gouvernements portugais et espagnols s'étaient réduites : ils ne réclamaient que

(1) Auteur d'un ouvrage connu, *Controversiæ Illustres*. Le passage cité par Grotius se trouve dans cet ouvrage, part. 1, liv. 2, chap. 89, § 30. D'autre part, l'auteur espagnol Franciscus Alphonsus de Castro, cité par Vasquius, ne s'est pas, comme le pense à tort Fulton, prononcé sur les questions de la mer (*De potestate legis pœnalis*, liv. 2, chap. 14).

(2) *De justo imperio Lusitanorum Asiatico*. Avant Freitas, l'auteur portugais Aegidius Benedictus avait soutenu la même thèse dans ses commentaires sur le droit romain (l. *ex hoc jure*, D. *de justo et jure*, part. 1, chap. 3, § 13 et suiv.).

(3) *Disputatio de Indiarum jure*, t. 2, liv. 3, chap. 3, § 30 et suiv.

la propriété d'une partie non définie de la mer baignant les possessions d'outre-mer des deux pays, et le monopole du commerce avec leurs colonies. Pour justifier ces réclamations, les arguments que ces auteurs pouvaient tirer des exemples de Venise et de Gênes et des déclarations générales faites par les auteurs anciens à ce sujet, sans compter les concessions papales, étaient pleinement suffisants. C'est aussi à ces réclamations limitées que fait allusion un auteur portugais du même siècle, Dominicus Autunez, lorsqu'il dit que la mer, chose commune, pourra bien être sujette à une occupation partielle qui n'en contrarie pas notablement l'usage commun (1).

En Angleterre, les partisans de la politique de pêche des Stuart étaient, naturellement, peu satisfaits du langage catégorique de Grotius proclamant la liberté absolue de la pêche. Un auteur écossais, Welwod, se chargea de réfuter, sur ce point, l'auteur du *Mare Liberum* (2), et celui-ci daigna se défendre, dans une étude qui ne fut pas terminée ; elle n'a été publiée qu'en 1872 (3). Mais l'adversaire dont le nom a été placé par la postérité à côté de celui de Grotius est John Selden, le savant auteur du *Mare Clausum* (1635). Lorsque ce livre fut publié, Grotius avait dit son dernier mot sur les questions de la mer ; il convient donc de jeter ici un regard d'ensemble sur les idées dont il s'est fait l'interprète. Elles se trouvent consignées dans quatre ouvrages différents : *Mare Liberum* (4), *Defensio ca-*

(1) *Tractatus de donationibus regiis* (Lugduni, 1688), t. 2, liv. 3, chap. 8, § 28 : *Non posse quoad dominium occupari... quando ex tali occupatione resultaverit notabile præjudicium usus communis.*

(2) *An abridgement of all sea-lawes*, 1613, chap. 27 ; *De dominio maris*, 1616. Cf. Craig, *Jus Feudale*, liv. 1, diegesis 13, p. 103.

(3) *Defensio capitis quinti maris liberi oppugnati a Guilelmo Welwodo*, imprimée par S. Muller, *Mare Clausum*, p. 331-361.

(4) *Mare liberum sive de jure quod Batavis competit ad Indicana commercia.* Traduit en hollandais sous le titre : *Vrije zeevaert, ofte bewijs*

pitis quinti Maris liberi (1), *Inleydinghe tot de Hollandsche rechtsgheleerdheydt* (2) et *De jure belli et pacis* (3).

Le *Mare Liberum* était dirigé contre les restrictions apportées par les Espagnols et les Portugais à la libre navigation des hautes mers. Grotius fait expressément remarquer que cette controverse n'a trait ni aux détroits, ni aux baies, ni à cette partie de la mer qui est située dans le rayon de la vue à partir de la terre (4). En outre, il a soin de dire, à différentes reprises, que les parties encloses de la mer (*diverticula maris*) peuvent appartenir en pleine propriété aux maîtres du rivage (5). Il revient dans tous les quatre ouvrages cités à la question des mers intérieures ; le Zuyderzée intéresse constamment le citoyen de la province de Hollande (6) ! Il s'occupe aussi à plusieurs reprises de la question de l'étendue de la mer territoriale proprement dite ; mais ici, ses idées se modifient d'un ouvrage à l'autre.

Pour bien juger la portée des déclarations de Grotius sur

van het recht dat de inghesetenen deser gheunieerde Landen toekomt over de Oost ende West-indische koophandel (Harlem, 1636).

(1) Voir note 3, p. 90. Composé environ 1616.

(2) Imprimé pour la première fois à Harlem, 1636, d'après des exemplaires manuscrits ; composé avant 1618.

(3) Paris, 1625.

(4) *Mare Liberum*, chap. 5 : *In hoc autem Oceano non de sinu aut freto, nec de omni quidem eo quod e littore conspici potest, controversia est. Vrije Zeevaert*, même chapitre : *Ende in dese Oceaen en is ons different niet van een inham, ofte van eenighe enghte... nochte oock van al t'ghene datmen opt strant staende kan oversien ende aenschouwen* (p. 19).

(5) *Mare Liberum*, chap. 5 (p. 28).

(6) *Defensio* : *Diverticulum igitur Princeps proprium facere poterit. Sed non debet sub diverticuli nomine occultari maris portio toti suo unita. Multum enim inter hæc interest* (p. 354). *Inleydinghe* : *Maer wat belangt de Zuyder-zee, alsoo de selve niet en is een deel van de Noort-zee, maer een vergaderingh van inlantsche stroomen... werdt de selve verstaen toe te komen de aenpalende volckeren* (p. 34). Cf. *De jure belli et pacis*, liv. 2, chap. 3, § 8.

la mer territoriale, il faut d'abord savoir que Grotius n'a jamais, dans ses ouvrages littéraires, quoi qu'on en ait dit (1), renié son opinion première, à savoir que la navigation et la pêche sont libres même dans les eaux côtières. Cette liberté, il la proclame absolue dans le *Mare Liberum* et dans l'*Inleydinghe* (2). Ecrivant sa *Defensio*, il s'attache à démontrer que la liberté de la pêche découle nécessairement des principes du droit romain et des données de la raison même. Sommairement, il répète encore, dans son livre sur le *Droit de la guerre et de la paix*, la thèse ancienne : la mer est chose commune, et son usage, y compris la pêche, est libre pour tout le monde (3).

Mais — c'est Grotius lui-même qui le dit, aux dernières pages de la *Defensio* — il y a une grande différence entre la propriété de la mer et l'empire ou, pour mieux dire, la juridiction sur la mer (4). D'accord, sur ce point, avec la doctrine italienne, Grotius est d'avis qu'il faut être propriétaire de la mer pour y interdire la navigation ou la pêche aux étrangers. Sans cela, l'Etat côtier n'a que la juridiction sur la

(1) Nombre d'auteurs ont interprété le passage, *De jure belli et pacis*, liv. 2, chap. 2, § 5, comme traitant de la pêche maritime ; c'est à tort : il s'agit ici de la pêche dans les eaux douces.

(2) *Mare Liberum*, chap. 5 : ... *sed exteris jus piscandi ubique immune esse debet, ne servitus imponatur mari quod servire non potest. Inleydinghe : Over sulcks is altijt in dese Landen verstaen dat in de openbaere zee, self oock onder de kusten van dese Landen, soowel vreemdelingen als in-borelingen vrij mogen zeylen ende visschen* (p. 33-34).

(3) *De jure belli et pacis*, liv. 2, chap. 2, § 3.

(4) *Et hactenus quidem de maris communitate et libertate piscandi sententiam pridem a nobis propositam satis ut arbitror defendimus. De industria autem pepercimus agere de maris imperio ac jurisdictione, quia ea quæstio ad dominium et ad jus piscandi nihil pertineat* (p. 360). *Sed, ut dicere incepi, nostra controversia de proprietate est maris et piscandi prohibitione. Ab hac autem aliena est jurisdictionis quæstio* (p. 361).

mer, c'est-à-dire, la juridiction criminelle ; d'après Grotius, les lois qui sont, en cette matière, mises en vigueur sur mer doivent être conformes au droit des gens ; autrement, elles seraient inopérantes. Grotius n'accorde, du reste, à l'Etat côtier la juridiction criminelle sur les étrangers que si les Etats dont relèvent ces derniers y ont consenti par un accord, expressément ou tacitement. A défaut d'un tel accord, la juridiction de l'Etat côtier est, d'après lui, limitée aux seuls nationaux (1).

C'est donc sur cette juridiction que portent les déclarations de Grotius relatives à l'étendue de la mer territoriale. Il se prononce d'abord pour la limite ordinaire du rayon visuel (*Mare Liberum*). Traitant plus tard du droit national hollandais, c'est à la limite traditionnelle de la ligne médiane qu'il donne la préférence (2). Dans son œuvre principale, *De jure belli et pacis*, il soumet la question à un nouvel examen, plus philosophique cette fois. Après avoir placé dans une catégorie à part les baies et les détroits qui sont assez peu étendus pour pouvoir être considérés comme faisant partie de la terre environnante et qui sont, en conséquence, soumis à la propriété du maître ou des maîtres de la terre (3), il distingue deux espèces d'empire maritime acquis en raison soit des personnes soit du territoire. Le chef d'une armée continuant d'exercer son pouvoir juridic-

(1) *Defensio*, p. 360-361.

(2) *Inleydinghe*, p. 34 : *Doch alsoo tot weeringe van zee roverije, ende alle andere misdaden ter zee, seer nodich is dat de land-overheden malkander verstaen ende elck een deel van de zee aennemen te veyligenso, is in dien sin van oudts verstaen ende verklaert, dat het recht van Hollandt ende West Vrieslandt komt alle sints ter halve zee.*

(3) Liv. 2, chap. 3, § 8 : *Ad hoc exemplum videtur et mare occupari potuisse ab eo qui terras ad latus utrumque possideat, etiamsi aut supra pateat ut sinus, aut supra et infra ut fretum, dummodo non ita magna sit pars maris ut non cum terris comparata portio earum videri possit. Et quod uni populo aut Regi licet, idem licere videtur et duobus aut tribus, si pariter mare intersitum occupare voluerint.*

tionnel lors même qu'il se trouve à l'étranger, la doctrine médiévale appela « son territoire » la place où il se trouve avec les gens lui obéissant. Cela s'appliqua aussi à la place occupée en mer par une flotte armée (1). Dans le système de Grotius, l'empire de la mer acquis en raison des personnes est justement cette juridiction détachée qui entre en jeu si une flotte armée se trouve quelque part en mer : cet empire de la mer est donc tout à fait différent de celui qui se rattache à la mer territoriale proprement dite. Quant à ce dernier empire, le seul qui nous occupe, Grotius en détermine l'étendue d'une manière qui est nouvelle dans la littérature du droit des gens. L'empire de la mer s'acquiert, dit-il, en raison du territoire aussi loin qu'on peut contraindre, de la terre, ceux qui se trouvent dans la partie la plus proche de la mer, aussi bien que s'ils s'étaient trouvés sur terre. Le moyen de contrainte dont il est question ici, ce sont bien entendu les canons placés sur le rivage voisin (2). A en juger par la marche générale de ses idées, Grotius aura certes trouvé excessive la limite italienne de cent milles, qui n'est, du reste, mentionnée nulle part dans ses œuvres. Il dénonce

(1) Balde, *Super Feudis*, rubr. Quibus modis feudum amittatur, v° Quia supra dictum est : ... *Ad hoc etiam respondent doctores quod ubi est Rex irruens tanquam in hostes cum exercitu, ibi est territorium Regis*. Cf. Crespi, part. 1, *Observatio* 15, conclusio 9, § 210 : ... *locum ubi exercitus commoratur, dici territorium ducis illius. Et pariter mare, ubi classis reperitur, dicitur territorium ducis maris : sed hoc intelligendum in ipsis vasibus, et gentibus, quæ in eis continentur*, et les auteurs cités par lui.

(2) *De jure belli et pacis*, liv. 2, chap. 3, § 13, 2 : *Videtur autem imperium in maris portionem eadem ratione acquiri qua imperia alia, id est... Ratione personarum, ut si classis, qui maritimus est exercitus, aliquo in loco maris se habeat : ratione territorii, quatenus ex terra cogi possunt qui in proxima maris parte versantur, nec minus quam si in ipsa terra reperirentur*. J'aurai l'occasion, plus loin, d'examiner de près la portée de la définition donnée par Grotius de l'empire de mer *ratione territorii*.

la faiblesse de la doctrine italienne vis-à-vis des prétentions exorbitantes de Venise et de Gênes. En général, les idées de Grotius sur la liberté de la mer sont en avance sur la jurisprudence contemporaine, soit que l'on envisage plus particulièrement celle des pays de la Méditerranée, soit qu'on s'attache à celle de l'Europe occidentale. En ce qui concerne la pêche et la navigation, le droit général, exception faite des territoires norvégiens et écossais, lui donnait, il est vrai, raison. Mais quant à la juridiction maritime, la plupart des Etats européens n'hésitèrent point à s'attribuer des droits excédant de beaucoup, soit par leur nature, soit par leur application dans l'espace, les droits limités à tous égards qui leur étaient reconnus par Grotius.

La politique maritime des Stuart trouva, parmi les jurisconsultes du Royaume-Uni, des avocats empressés. J'ai déjà nommé Albericus Gentilis qui, apportant avec lui de son pays natal la doctrine italienne sur l'étendue de la zone juridictionnelle en mer, cherchait, sans beaucoup de succès, à la faire introduire dans le système anglais (1), et l'auteur écossais William Welwod que, plus pertinemment encore, on pourra compter au nombre des partisans de la politique de Jacques Ier. Welwod se tourna contre les étrangers qui faisaient la pêche dans les eaux britanniques sans payer des impôts. Dans son livre *De dominio maris*, il s'arrête d'abord à la question générale de la propriété des mers. Il incombe à tous les Etats maritimes, dit-il, de protéger la partie de la mer voisine de leurs côtes, afin que la mer, par leurs soins, soit accessible en toute sécurité aux navigateurs et aux pêcheurs ; or cette protection ne saurait pas être effective sans juridiction, ni la juridiction sans contrainte. La juri-

(1) *Advocatio Hispanica*, p.32-34. Voir p.84-85. Dans un ouvrage antérieur, *De jure belli* (1588), Gentilis se prononce décidément pour le libre usage de la mer. Combattant les prétentions vénitiennes, il conclut : *Ut si mare patet per naturam omnibus, id quidem claudi nemini debeat* (liv. 1, chap. 19 ; cf. liv. 3, chap. 17).

diction est, pourtant, toujours liée à un territoire — le territoire où se trouvent les personnes soumises à la juridiction. Il cite, à ce propos, la limite italienne de cent milles. La mer côtière est, de la sorte, annexée à la terre la plus proche, comme une partie intégrante de l'Etat. En dehors de cette zone, la haute mer doit rester ouverte au libre usage de tous les peuples. Le droit de pêcher dans la zone annexée est, le plus souvent, réservé en propriété à l'Etat côtier (1). Welwod donne, à l'appui de ses assertions, des raisons tirées de la nature de la pêche côtière en Ecosse : les étrangers s'approchant avec leurs innombrables filets trop près de la côte dispersent les poissons et diminuent ainsi les richesses utilisables de la mer, au grand détriment de la population pauvre de la côte. En principe, l'Etat côtier est si bien maître de la mer adjacente qu'il pourrait défendre à tous étrangers d'y faire la pêche. Cependant, il devrait admettre les pêcheurs étrangers à participer aux bienfaits de la nature, pourvu que ceux-ci consentissent à payer, en retour, un prix équitable. Le maître de la mer peut, à juste titre, prélever des impôts sur les pêcheries, en raison de la protection qu'il y assure et de la surveillance qu'il y exerce. Welwod est pourtant d'avis qu'il ne faut pas frapper des mêmes impôts les nationaux et les étrangers, mais qu'il faut accorder un traitement de faveur aux premiers (2).

Gentilis et Welwod doivent, pour des raisons différentes, être considérés comme les précurseurs de Selden. Gentilis porte les limites de la juridiction britannique très loin dans la mer, jusqu'à la ligne médiane ; Welwod, tout en s'exprimant avec prudence sur l'étendue de la mer territoriale, fait rentrer le droit exclusif à la pêche côtière parmi les prérogatives de l'Etat riverain. Selden, renchérissant

(1) *Jus piscandi maxima parte appropriatum esse* (chap. 3).
(2) Ræstad, p. 216 et suiv.

sur les limites données par Gentilis, supprime en même temps la distinction établie par le droit italien et reconnue par Grotius et Gentilis et même par Welwod ; la juridiction et la protection maritimes ne se distinguent plus de l'usage de la mer : Selden attribue à la Grande-Bretagne la pleine propriété des mers qu'il qualifie de britanniques.

Le *Mare Clausum*, cette œuvre qui a valu à Selden plus de célébrité que tous ses autres ouvrages ensemble, avait été écrit à une époque où les relations entre la Grande-Bretagne et les Pays-Bas étaient tendues à cause des tentatives réitérées faites par le gouvernement de Jacques Ier en vue d'imposer un tribut aux Néerlandais qui venaient pêcher sur les côtes des Iles britanniques (1616 et 1617). Le texte de l'ouvrage, composé sur l'ordre de Jacques lui-même (1), lui fut soumis pendant l'été de 1618 (2). Le roi, qui ne songeait pas, en réalité, à pousser l'affaire de pêche jusqu'au bout, formula quelques objections ; il craignait, notamment, que les assertions de Selden sur la question de la Mer Septentrionale ne portassent ombrage au roi de Norvège, Christian IV, son beau-frère ; il recommanda à l'auteur certaines modifications. Quoique Selden ne manquât pas de se conformer aux indications de son royal maître, le livre ne fut pas publié sous le règne de Jacques. Il ne parut qu'en 1635, dédié à Charles Ier qui, reprenant la politique de son prédécesseur, était justement à cette époque aux prises avec les Néerlandais.

D'après le *Mare Clausum*, non seulement le Royaume-Uni posséderait l'empire des mers dans l'étendue voulue par l'auteur, mais, bien plus, les souverains anglais auraient toujours exercé pareil empire. Pour arriver à ces conclusions, Selden déploie un savoir vaste et varié. Il méritait bien le surnom qui lui fut donné par

(1) Voir la dédicace à Charles Ier en tête du *Mare Clausum*.
(2) Voir le récit de Selden, dans son pamphlet *Vindiciæ*.

son adversaire Graswinckel, de « bibliothèque ambulante ». Mais, en dépit des témoignages qu'il réunit un peu partout à l'appui de sa thèse, il ne pouvait arriver à renverser les faits historiques. L'explication qu'il donne de l'attitude prise par le gouvernement anglais, lors des négociations avec le roi portugais Sébastien (1) et de la conférence anglo-danoise à Brême (2), est et demeure fausse au point de vue historique.

Si l'auteur du *Mare Clausum* s'est ainsi trompé sur l'histoire de son pays, il ne saurait, non plus, échapper au reproche d'avoir négligé le côté juridique de la question traitée par lui. Grotius avait, de parti pris, rejeté la doctrine italienne relative à la mer territoriale ; il préférait, disait-il, remonter aux règles du droit romain et aux vrais principes du droit naturel (3). Quant à Selden, il se réclame plusieurs fois de la jurisprudence italienne ; mais, au fond, il ne paraît pas avoir bien compris la portée des distinctions employées par les Italiens. Il se borne à citer la limite de cent milles de Bartole, et celle de soixante milles attribuée à Balde, sans même faire allusion à la distinction fondamentale qui avait lieu dans le système italien : propriété, usage, juridiction et protection sur mer. Il trouve extraordinaire que des jurisconsultes, reconnaissant à la mer le caractère de chose commune, accordent en même temps à l'Etat côtier la juridiction maritime jusqu'à cent milles de la terre (4). Il termine son exposé de la juridiction maritime exercée anciennement par les amiraux anglais en s'écriant que les sottises répétées, sur l'auto-

(1) Liv. 1, chap. 17.

(2) Liv. 2, chap. 24. Le reproche adressé par Selden aux délégués anglais à Brême, à savoir qu'ils s'occupaient moins du droit anglais que du droit romain et de ce qui était momentanément opportun est, nous l'avons vu, tout à fait immérité.

(3) *Defensio*, p. 360.

(4) Liv. 1, chap. 22.

rité de Justinien, par Bracton et ses successeurs anglais au sujet de la liberté générale de la mer ne sauraient constituer des preuves contre l'empire maritime des rois anglais (1). Evidemment non, parce que la juridiction sur la mer et l'usage de la mer étaient, d'après le droit médiéval anglais, deux choses différentes. Mais la fausseté de telles conclusions échappait à l'attention des contemporains de Selden ; à cette époque-là, l'histoire du droit médiéval était très peu connue.

Selden repousse non seulement la limite italienne de cent milles, mais encore la ligne médiane de l'ancien droit anglais (2). De l'avis de Selden, l'empire maritime de la Grande-Bretagne, les *maria Britannica,* dont il parle avec complaisance, s'étendent vers l'est et le sud jusqu'aux côtes mêmes des pays opposés, la France et les Pays-Bas ; vers l'ouest et le nord, la Grande-Bretagne possède de vastes espaces de mer, jusqu'à l'Amérique du nord (3). Il admet que la mer d'Islande ou de Norvège, c'est-à-dire la mer entre ces deux pays, est soumise aux rois de Danemark et de Norvège ; mais il prétend que le droit de pêcher dans cette mer est acquis aux Anglais comme une servitude perpétuelle. Plus au nord, la mer de Spitsberg (*Mare Groenlandense*) appartient au roi d'Angleterre à un titre spécial, les Anglais ayant les premiers exploité cette mer en y chassant la baleine (4).

Les prérogatives dont jouirait le roi sur les mers de son obéissance, d'après Selden, seraient des plus étendues. La navigation, dit-il, doit être libre dans la mesure où elle ne nuit pas aux intérêts du Royaume-Uni ; si les intérêts publics le réclament, elle peut être interdite ; tant

(1) Liv. 2, chap. 24.

(2) Liv. 2, chap. 24 : *Medium interfluentis æquoris terminum dominii hujus marini Regibus nostris obiter, sed inscienter faciunt.*

(3) Liv. 2, chap. 32 ; chap. 30.

(4) Liv. 2, chap. 32.

qu'elle est libre, elle doit être protégée par les flottes royales (1). La pêche ne doit être permise aux étrangers que moyennant le paiement de taxes (2). Les navires étrangers se trouvant dans les mers britanniques sont tenus de saluer les navires royaux, en amenant la haute voile (3). Naturellement le roi et ses amiraux ont pleine juridiction civile et criminelle dans les limites des mêmes mers. Le roi y pourra interdire toute entreprise hostile de la part des belligérants. La proclamation de 1604 relative aux King's Chambers ne déroge nullement à la souveraineté sur la mer extérieure. Les Chambres royales ne sont qu'une parcelle de la mer britannique ayant à un degré particulier le caractère d'un lieu d'asile.

Le *Mare Clausum* était le plaidoyer d'un jurisconsulte en faveur d'une cause déterminée. La même observation s'impose, il est vrai, à l'égard de l'ouvrage dont Selden repoussait la thèse et condamnait le titre même : *Mare Liberum*. Or, l'argumentation de Grotius ne s'éloignait guère de ce qui était la jurisprudence reconnue de son temps. Par contre, la thèse de Selden est beaucoup plus intransigeante que ne le fut jamais la politique maritime de Jacques Ier et de Charles Ier.

Selden ne songeait pas à établir des règles d'une application générale. Par l'intransigeance même qu'il montrait au profit de l'empire britannique, il a voulu exclure la possibilité pour d'autres puissances de formuler des prétentions égales. Il conclut, sans la moindre hésitation, du fait au droit, de l'exercice de la puissance maritime à la légalité d'un empire maritime. Son œuvre donna ainsi un exemple néfaste et qui ne fut que trop suivi. Ce devint une mode parmi les auteurs d'écrire de longues compilations historiques pour établir que leur patrie, France, Danemark, Hollande,

(1) Liv. 1, chap. 20 ; liv. 2, chap. 20.
(2) Liv. 2, chap. 21.
(3) Liv. 2, chap. 26.

avait, elle aussi, été puissante sur mer (1). Les questions juridiques, dans ces ouvrages, occupent une place subordonnée. Même les auteurs, qui traitent principalement du droit maritime, ont souvent la fantaisie de faire de doctes énumérations, dans le goût de Selden, sur « les peuples qui ont été puissants sur mer » (Stypmann).

Selden avait trouvé dans une occupation primitive l'origine de l'empire maritime de la Grande-Bretagne. Après lui, ses partisans et ses contradicteurs s'engagèrent dans des discussions interminables et inutiles sur cette question : la mer peut-elle être occupée ou non ? en particulier, comment partager l'empire maritime quand deux ou plusieurs pays sont situés sur les bords d'un même détroit ou d'une même baie (2) ? Dans la terminologie de ces auteurs, occupation veut dire : prise en possession de la mer au même titre que de toute chose susceptible de propriété. Dire que la mer est occupable équivaut donc à reconnaître que la mer peut être acquise en pleine propriété par l'Etat côtier. Occupation ou propriété *(dominium, proprietas)* sont en effet les mots choisis par Selden et ses successeurs pour désigner l'ensemble des droits attribués par eux à l'Etat côtier. Par là, ils arrivent à rompre complètement avec les Italiens qui n'emploient que rarement, et dans un sens tout différent, le terme d'occupation, en parlant des rapports de l'Etat côtier avec la mer, et nient expressément la possibilité d'acquérir la propriété de la mer (3).

(1) A citer ici : Morisotus, *Orbis Maritimus* (France) ; Pontanus, *Discussiones Historicæ* (Danemark) ; Schookius, *Imperium Maritimum* (Hollande).

(2) Nommons Stypmann (liv. 1, chap. 4 et 5), Strauch (*De imperio maris*, chap. 2), Pufendorf (*De jure naturæ et gentium*, liv. 4, chap. 5).

(3) L'auteur italien Burgus, soutenant que Gênes devrait avoir l'empire du Golfe Ligurien (1641), essaya de tourner la difficulté en argumentant de la manière suivante : la juridiction présuppose l'existence du droit de propriété ; sur terre, la propriété réside chez des parti-

Comme nous l'avons vu, dans le système de Selden, il n'y avait pas place pour une délimitation de la mer territoriale d'après des règles générales. D'autre part, les principes formulés par Grotius étaient vagues. La limite de cent milles était repoussée par ces deux auteurs. La limite du rayon visuel avait peu d'adeptes parmi les auteurs : on ne l'admettait guère que lorsqu'il s'agissait de la neutralité sur mer (1) Il n'y a donc pas lieu de s'étonner que la plupart des auteurs qui ne se lançaient pas dans la controverse engagée autour du *Mare Liberum* et du *Mare Clausum* aient été désorientés, et se soient arrêtés à cette conclusion un peu facile que l'étendue de la mer territoriale doit être déterminée par la coutume en vigueur dans chaque pays (2). Cette attitude correspondait, du reste, assez bien aux conditions réelles de la jurisprudence contemporaine. Les vraies bases de l'histoire de la mer territoriale au XVIIe siècle, ce sont les législations particulières, les traités, la correspondance politique et diplomatique. C'est dans la pratique quotidienne que se formèrent, lentement, de nouvelles idées sur la délimitation de la mer territoriale et sur les prérogatives des Etats côtiers en mer.

culiers, la juridiction chez le souverain ; sur mer, il faut que le souverain possède la propriété, les particuliers n'en ayant pas (chap. 16). Avec raison, Graswinckel, contradicteur de Burgus, objecta que la juridiction ne présuppose aucunement la propriété (*Vindiciæ adversus Burgum*, p. 226 et suiv.).

(1) Morisotus, *Orbis Maritimus*, p. 468, 471 ; Cleirac, p. 452.

(2) Gryphiander, *De Insulis*, chap. 14, § 12 et suiv. ; Conringius, *De finibus Imperii Germanici*, chap. 30 ; Pufendorf, liv. 4, chap. 5, § 8.

VII

NOUVELLES IDÉES. LA PORTÉE DU CANON : PREMIÈRE ÉTAPE

La limitation de la mer territoriale par la portée de la vue avait un caractère incertain, nous l'avons constaté, parce qu'aucune entente internationale n'était intervenue pour établir quelle méthode optique il faudrait employer pour calculer le rayon de la vue. C'était donc un progrès que de convertir, comme on le faisait en Ecosse, cette limite en un certain nombre de lieues ou de milles. Il y avait toutefois à cela un autre inconvénient, c'est que les milles et les lieues n'avaient pas la même valeur dans les différents pays. Chaque pays donnait encore au XVIIIe siècle une valeur différente à la lieue et à ses sous-divisions. C'était un obstacle, difficile à surmonter, qui s'opposait à l'adoption générale, comme limite de la mer territoriale, d'un certain nombre de ces unités nautiques. Le gouvernement dano-norvégien les employa bien pour déterminer la zone réservée aux pêcheurs nationaux au large de l'Islande : elle fut fixée d'abord à deux, ensuite à six, finalement à quatre lieues norvégiennes (*mil*) de la côte (1). Plus tard, le même gouvernement dé-

(1) Deux lieues : ordonnance de 1598. Six lieues : voir lettre adressée par Christian IV à Charles Ier le 13 décembre 1631, Ræstad, p. 215-216. Quatre lieues : articles de concession pour la Compagnie d'Islande du 16 décembre 1631, *ibid.*, p. 216 ; articles du 16 avril 1636, *ibid.*, p. 218 ; projet d'articles du 13 mai 1682, *ibid.*, p. 236 ; dispositions postérieures, *ibid.*, p. 236-237. Une lieue norvégienne (*mil*) était alors un peu plus de cinq milles anglais (*ibid.*, p. 212), c'est-à-dire à peu près 8 km.

fendit aux étrangers de chasser la baleine dans un rayon de dix lieues de la côte du Spitsberg et du Finmarken (1). Mais ces dispositions, d'une application restreinte, restèrent à l'état d'exceptions.

D'autres mesures encore furent employées par les marins, surtout pour indiquer des distances moins considérables : ce furent des mesures tirées de l'emploi des armes balistiques. Quelques-unes, le jet d'une pierre, le jet d'une flèche, la portée d'un fusil, furent employées aussi bien sur terre que sur mer (2). D'autres, telle que la portée du canon, furent, à ce qu'il semble, employées surtout par les gens de mer. La portée du canon est donnée comme mesure nautique par la plupart des Routiers du XVIe siècle. Dans le *Grant Routtier* de Pierre Garcie on trouve ce passage : « Et tu trouveras pres de terre bort à bort à un gist de canon XX et XXIIII brasses » (3). De pareils passages se trouvent aussi dans les Routiers néerlandais, allemands et danois (4).

La portée du canon avait, comme mesure nautique, l'avantage de ne pouvoir être confondue avec un nombre d'unités moindres dont la valeur était changeante et discutable ; en effet, elle ne fut pas, que je sache, convertie en un nombre quelconque de milles avant le XVIIIe siècle. Elle était donc d'autant mieux qualifiée comme mesure indépendante sur mer. L'état stationnaire de l'artillerie pendant deux ou trois siècles fit de la portée du canon une mesure presque invariable.

(1) Pour le Spitsberg, voir Ræstad, p. 224-225 ; pour Finmarken, *ibid.*, p. 241-242.

(2) Sur l'emploi de ces mesures par les marins, voir Breusing, avant-propos au *Seebuch*, p. XXXIX.

(3) Édition de Poitiers, 1542, feuille C (6). Voir l'extrait d'une édition antérieure publié par M. L. Delavaud dans le *Bulletin de la Société de Géographie de Rochefort*, III (1881-1882), p. 128.

(4) *Dit is die Caerte van der Zee* (néerlandais) ; *Seekarte* (allemand) ; *Sökartet* (danois).

Je n'oserais pas préciser à quelle époque la portée du canon fut, pour la première fois, employée comme limite légale dans une question de droit maritime. Je tends à croire, cependant, que cela n'a pas eu lieu avant le milieu du XVIe siècle. Mais, dès cette époque, la limite de la portée du canon a été utilisée dans la solution de certaines questions se rattachant de près à la limitation des eaux territoriales. Au début du XVIIe siècle, il était du moins universellement reconnu par l'usage que, en passant devant les forteresses, les navires armés en guerre d'un Etat étranger étaient obligés de les saluer au moment où ils étaient à la distance d'une portée de canon (1). De plus, si un Etat possédait les deux rivages d'un détroit, on admettait généralement que l'empire sur la mer intérieure était acquis à l'Etat, pourvu que le détroit fût dominé par les canons placés sur les deux rives (2). Dans ces cas, le droit de l'Etat riverain résultait de ce que les navires contrevenants pouvaient être contraints par la force de ses canons.

C'est, paraît-il, lors des conflits qui se produisirent entre les Anglais et les Hollandais au sujet de la pêche du hareng le long des côtes britanniques, que la portée du canon fut pour la première fois indiquée comme limite de la juridiction maritime de l'Etat. L'auteur anglais Fulton a attiré l'attention sur une déclaration faite par les délégués néerlandais qui visitèrent l'Angleterre en 1610. Il est établi par le droit des gens — disaient les délégués (d'après un compte-rendu sommaire de leurs déclarations, rédigé en anglais) — qu'aucun prince ne peut prétendre (*challenge*) plus loin en mer qu'il ne peut y commander avec un canon, exception faite des baies (*gulfes*) qui sont dans l'enceinte de leurs terres d'un point à l'autre (3). M. Fulton suppose que l'idée

(1) Stypmann, II, p. 327-328.

(2) Morisotus, p. 469.

(3) Fulton, p. 156 : *For that it is by the lawe of nacions, no prince can challenge further into the sea then he can command with a cannon except gulfes within their land from one point to an other.*

exprimée dans ce passage a dû naître dans le cerveau fertile de Grotius ; son opinion est corroborée par le témoignage de Grotius lui-même, qui dans son plaidoyer de 1622 écrit qu'il a, sur l'étendue de la mer territoriale, soutenu les mêmes thèses que les délégués néerlandais de 1610 (1). Les déclarations un peu obscures, ou incomplètement rendues, des délégués néerlandais sont, en effet, éclaircies par quelques passages, déjà cités, du *De jure belli et pacis*. L'empire de la mer est, d'après Grotius, acquis en raison du territoire (*ratione territorii*), aussi loin qu'on peut, de la terre, employer la force contre ceux qui se trouvent sur la plus proche partie de la mer, de même que s'ils s'étaient trouvés sur terre (2). Le moyen de contrainte dont veut ici parler Grotius, ce sont, comme je l'ai dit, les canons placés sur le rivage de l'Etat côtier.

On commettrait, toutefois, une erreur grave en identifiant la portée du canon ainsi comprise dans le système de Grotius avec la limite qui, depuis Bynkershoek, est devenue un lieu commun des livres de droit international. Grotius lui-même a soin de faire ressortir que l'empire de la mer n'est pas une conséquence immédiate de la prise en possession de la terre (3). Grotius se sépare ainsi nettement de l'école italienne considérant la juridiction sur le territoire maritime comme un prolongement, pour ainsi dire, de la juridiction sur le territoire terrestre, suivant l'aphorisme de Balde : *territorium etiam in aquis se extendit*. Pour Grotius, la possession de la côte n'entraîne l'empire sur la mer que si la mer est *effectivement* dominée par les canons placés sur le rivage. La doctrine de Grotius a donc la même signification que les déclarations des délégués de

(1) *Apologeticus*, p. 383.

(2) *De jure belli et pacis*, liv. 2, chap. 3, § 13, 2.

(3) *Ibid.*, § 11 : *Ex eo solo, quod terras populus occuparit, mare occupatum colligi non posse : nec animi actum sufficere, sed actu externo esse opus, unde occupatio possit intelligi.*

1610 : dans les deux cas, il s'agit de la portée des canons qui sont, en réalité, placés sur le rivage. Pas de canon, pas d'empire. Grotius ne laisse nulle part dans ses œuvres entrevoir la fiction que l'Etat côtier est souverain des mers baignant ses côtes là où des canons n'ont pas été placés, voire même où des canons ne pourraient, pour des raisons matérielles, être placés. Cela s'écarterait tout à fait de ses conceptions générales.

Il faut cependant avouer que les termes très généraux employés par Grotius à ce sujet ont contribué à voiler, pour ses successeurs, le sens véritable de ses paroles. Il semble, par exemple, que l'auteur hollandais Ulric Huber ait cru suivre Grotius, en attribuant à la terre adjacente l'empire de la mer voisine sous cette seule condition que l'Etat pourrait, à son gré, contraindre les navigants par des batteries établies à terre (1). Cette erreur — qui doit avoir été assez commune — a sans doute sa part dans le succès que remporta plus tard la doctrine de Bynkershoek.

L'empire de la mer comportait, dans la terminologie de Grotius, avant tout la juridiction criminelle, c'est-à-dire le maintien de la sécurité sur mer. Au moyen-âge, les incessantes pirateries avaient attiré l'attention des jurisconsultes et des législateurs et provoqué, plus qu'aucun autre fait, la ju-

(1) Voir Huber, *De jure civitatis*, 1673, part. 2, liv. 2, chap. 11, p. 133 : *Denique ratione territorii adjacentis pars vicini maris videtur esse sub imperio Principis aut populi, qui navigantes terra pro lubitu cogere potest : tunc enim custodiâ illius coerceri videtur.* Dans un ouvrage antérieur, *Digressiones* (1671), liv. 4, chap. 13, p. 547, le même auteur dit de l'empire maritime exercé à partir de la terre : *Quod sane imperium exiguæ latitudinis est.* Il le mentionne comme une exception, entres autres, à la liberté générale de la mer. L'empire maritime institué par Grotius *ratione personarum* a, également, été mal compris par les auteurs du XVIIe siècle (Bœcler, Huber, etc.) qui en voyaient l'explication dans une espèce d'occupation du territoire maritime dominé par les canons des navires. Voir, au contraire, note 1, p. 94.

risprudence italienne sur la juridiction maritime de l'Etat côtier. Bien que cela fût en partie changé au XVIe siècle, la préoccupation dominante, révélée par de nombreuses dispositions à cet effet, c'était encore de garantir la sûreté de la navigation pacifique contre les attaques des pirates. Au XVIIe siècle, ce ne sont plus les pirates, ce sont les corsaires, les écumeurs de mer plus ou moins autorisés par leurs Etats, que l'on redoute. Les guerres navales se font de plus en plus fréquentes aux XVIIe et XVIIIe siècles. L'état de guerre finit par être presque constant sur mer. Aussi devenait-il d'une nécessité impérieuse pour les Etats neutres, harassés par les entreprises hardies des corsaires, de définir, d'une manière ou d'une autre, l'étendue de leurs eaux territoriales, et pour les Etats belligérants, de réglementer tant soit peu les procédures des corsaires qui avaient leur attache, de peur que leurs actes n'entraînassent des conflits ou des froissements avec les Etats neutres.

Dans ce dernier ordre d'idées rentrent une série de dispositions qui n'ont pas trait directement à la mer territoriale, mais qui méritent toutefois notre attention. Il était important de régler l'exercice du droit qu'on accordait non seulement aux vaisseaux de guerre, mais aussi aux corsaires (armateurs), de visiter les navires neutres soupçonnés de porter de la contrebande de guerre. Des dispositions ayant pour objet de protéger les navires neutres contre des procédés vexatoires de la part des vaisseaux qui les visitaient furent insérées dans nombre de traités conclus aux XVIIe et XVIIIe siècles. Le traité de commerce signé par la France et les Pays-Bas le 18 avril 1646, est, à ma connaissance, le premier traité qui contienne des dispositions de ce genre. L'art. 3 porte : « Pour obvier aux inconvéniens qui pourroient arriver lorsque les navires marchands des sujets desdits Sieurs Estats seront rencontrez par les vaisseaux de guerre de Sa Majesté, ou capitaines armateurs, et pour oster tout sujet de différend et contention à l'avenir, lesdits navires, après avoir abbattu leur pavillon par respect, sitost qu'ils auront reconnu celuy de France, et les vaisseaux François, qui ne se pourront approcher plus près qu'environ la portée d'un canon desdits vaisseaux marchands Hollandois », les vaisseaux français enverront une chaloupe auprès des navires marchands hollandais pour faire la visite des papiers du bord et, le cas échéant, de la cargaison (1). Le traité de commerce conclu entre les mêmes puissances le 27 avril 1662 renouvelle la disposition. Parlant des navires de guerre hollandais et des navires marchands français, l'article 33 de ce traité enjoint que « lesdits navires des Provinces-Unies, pour éviter tout désordre, n'approcheront pas plus près des François que de la portée du cannon »(2). Cette dernière disposition se retrouve encore dans les traités de commerce conclus par la France et les Pays-Bas les 10 août 1678 (art. 20), 20 septembre 1697 (art. 25), 11 avril 1713 (art. 24) et 21 décembre 1739 (art. 21). Des dispositions analogues sont contenues dans le traité de paix dit des Pyrénées entre la France et l'Espagne du 7 novembre 1659 (art. 17), dans les traités intervenus entre la France et la monarchie dano-norvégienne le 24 février 1663 (art. 21) et le 23 août 1742 (art. 22), entre les Pays-Bas et Alger le 22 novembre 1662 (art. 4), entre l'Espagne et la Grande-Bretagne le 23 mai 1667 (art. 14), entre la France et la Grande-Bretagne le 11 avril 1713 (art. 24).

S'il pouvait résulter des désordres de ce qu'un navire de guerre s'approchât d'un navire marchand plus près qu'à une portée de canon, des désordres étaient aussi, en certains cas, à craindre lorsqu'un vaisseau de guerre s'approchait trop près d'une côte étrangère. Aussi était-il, à ce qu'il paraît, généralement admis par l'usage que l'Etat côtier pouvait interdire aux vaisseaux de guerre étrangers

(1) Dumont, VI, 1, p. 342-343.
(2) *Ibid.*, VI, 2, p. 414.

de séjourner, ou de jeter l'ancre, à moins d'une portée de canon d'une forteresse. Ainsi, le roi de Suède approuva, par une lettre du 14 octobre 1686, un ordre donné par l'amiral-général Wachtmeister au commandant de Karlshamm, de ne permettre à aucun vaisseau de guerre étranger de jeter l'ancre près de la forteresse à une distance moindre d'une portée de canon.

L'emploi de la mesure de la portée du canon se généralisa. On en vint à penser, timidement d'abord, que la limite de la portée du canon devait être appliquée aussi aux prises maritimes. On commença par les ports. Les ports — nous le savons déjà — étaient depuis le moyen-âge considérés comme des lieux d'asile, où tout navire marchand était à l'abri de l'attaque des ennemis. Or, les ports étaient souvent fortifiés ; la paix y était assurée par les canons des fortifications. Donc, la règle s'imposa d'elle-même : aucune prise maritime ne devait être effectuée dans l'enceinte d'un port neutre, ni aussi loin que portaient les canons de ses fortifications.

Plus difficile à franchir fut l'étape suivante : un long temps s'écoula avant qu'il fût communément reconnu par les nations de l'Europe que les captures maritimes ne devaient être effectuées, là même où il n'y avait pas de canons pour protéger la navigation neutre, qu'à une certaine distance de la côte. Les traités du XVIIe siècle qui touchaient à la question des prises maritimes s'exprimaient en termes vagues sur l'étendue des eaux côtières qui devaient être interdites aux entreprises des corsaires. Le plus souvent on se bornait à prescrire — comme au siècle précédent — que le commerce maritime devait être à l'abri de toute prise dans les ports, rades, estuaires et baies des parties contractantes. Les puissances reculaient devant la tâche ingrate de déterminer nettement l'étendue des eaux côtières où elles avaient l'intention de maintenir leur neutralité. C'était déjà beaucoup que la France se fût chargée, dans le traité de commerce conclu avec la monarchie dano-norvégienne le 24 février 1663 (art. 34), de veiller à ce que les pirates n'obtinssent aucun asile *in mari et portubus suis*; *quantum fieri potest* était-il ajouté avec circonspection. Ce fut sous la forte pression exercée par les puissances alliées, la Grande-Bretagne et les Pays-Bas, que le roi de Danemark et de Norvège se chargea, par le traité du 28 décembre 1691, de protéger le commerce pacifique dans les eaux dano-norvégiennes jusqu'à l'étendue de la vue des côtes (1). La limite de la vue était, du reste, le point de départ de la délimitation des eaux neutres dano-norvégiennes consacrée par la pratique : le traité de 1691 transforma seulement en devoir ce que le gouvernement des deux pays avait considéré jusqu'alors plutôt comme un droit.

A cette occasion, la portée du canon fut, pour la première fois que je sache, indiquée comme limite des eaux territoriales en matière de prises maritimes. L'ambassadeur français à Copenhague, M. Foullé de Martangis, adressa le 6 août 1691 au gouvernement dano-norvégien une lettre où il émit l'opinion « que le respect des costes en quelque lieu de l'Europe que ce soit n'a jamais esté étendu plus loin qu'à la portée du canon ou à une lieue ou deux au plus » (2). Au sujet de cette dernière expression : « une lieue ou deux », il faut remarquer que, d'après un décret royal danois du 13 juin 1691, consacrant la limite de la vue, celle-ci équivalait à une distance de quatre ou cinq lieues (*mil*) des îlots de la côte (3). La portée du canon se trouvait donc ici, comme unité de mesure, opposée à l'unité plus grande du rayon visuel.

Dans les applications que je viens d'indiquer, la portée du

(1) Ræstad, p. 244 et suiv., 290.
(2) *Ibid.*, p. 251.
(3) *Ibid.*, p. 246.

canon a-t-elle été considérée simplement comme unité de mesure ? Ou bien, faut-il, pour saisir la vraie signification du terme, se figurer un coup de canon tiré dans une direction quelconque ? Et, s'il le faut, quelle est cette direction, et surtout, quel est le point de départ du coup tiré ? Lorsqu'il s'agit de l'obligation pour un navire de guerre de ne point jeter l'ancre devant une forteresse à une distance moindre d'une portée de canon, il y a peut-être lieu de penser que c'est le canon le plus puissant, qu'il soit à bord du navire ou dans les batteries de la forteresse, qui doit déterminer la distance à observer. Lorsqu'il s'agit de la distance à observer par le navire de guerre ou le corsaire qui procède à la visite d'un navire marchand, le point de départ pour calculer la portée du canon, c'est bien le navire armé. D'autre part, la protection qu'offre un port fortifié au commerce maritime se mesure évidemment par la portée effective des canons des fortifications du port. Comment, enfin, faut-il calculer le respect de la côte dont parle la lettre précitée de M. de Martangis? Si l'on s'en tient à l'expression même, indiquant la distance respectueuse où se tient le navire armé, il semble bien que cette distance doive être calculée dans la direction du navire vers la côte. La diversité même des différents points de départ qu'il faudrait imaginer a évidemment tendu à faire considérer la portée du canon, en cette matière, comme simple unité de mesure.

Dans les cas indiqués, l'adoption de la limite de la portée du canon n'était nullement due à des considérations théoriques. Les règles qui viennent d'être passées en revue se sont formées dans la pratique, petit à petit. D'autre part, la question de l'occupation et de l'occupabilité de la mer tenant une place considérable dans les écrits des auteurs de droit international après Grotius, il était à prévoir qu'un jour la portée du canon serait adoptée par les partisans de l'occupabilité comme indiquant la limite de l'occupation et, par conséquent, des eaux territoriales. Il était réservé au jurisconsulte néerlandais Cornelis van Bynkershoek de formuler cette théorie.

Bynkershoek, tout en se disant partisan de l'occupabilité de la mer, à peu près dans les mêmes termes que Selden, n'approuvait nullement l'occupation de vastes parties de la mer par une puissance quelconque. La théorie anglaise sur l'empire britannique des quatre mers n'était pas encore abandonnée. Si la pêche néerlandaise sur les côtes britanniques avait cessé de provoquer des conflits sanglants, ce n'était guère qu'une trêve. Tout en admettant l'occupabilité de la mer, un patriote hollandais pouvait bien, dans l'intérêt de la paix, songer à en réduire l'étendue dans l'espace. Voilà une préoccupation qui n'était certes pas loin de l'esprit de Bynkershoek lorsqu'il écrivait son célèbre traité *De dominio maris* (1703).

Se rangeant du côté de Selden et de ses disciples, Bynkershoek s'ingénie à prouver que la mer est susceptible d'être occupée et possédée. Cela est vrai, d'après lui, non seulement pour la mer côtière (*mare terræ proximum*), mais encore pour la mer extérieure (*mare externum*). Une fois prise en possession par un Etat, la mer appartient en pleine propriété à cet Etat. Celui qui a l'empire de la mer est fondé en droit à interdire aux autres d'y naviguer et d'y pêcher ; ce serait seulement par humanité qu'il le permettrait : *alia est humanitatis, alia juris regula* (1). Mais jusqu'à quelle étendue l'Etat côtier est-il en possession permanente de la mer côtière ? La possession — telle est la réponse de Bynkershoek — s'étend aussi loin que la mer peut être dominée du rivage : en d'autres termes, aussi loin que portent les canons du rivage (2). C'est en même temps, dit-il,

(1) Chap. 3.

(2) Chap. 2 : *Eo potestatem terræ extendi, quousque tormenta exploduntur.*

l'étendue de notre domination et de notre possession. Il parle des canons parce qu'il entend parler des armes connues des contemporains ; plus généralement il faudrait dire que l'empire de la terre finit là où finit la force des armes : *Potestatem terræ finiri ubi finitur armorum vis.* Retouchant un peu la phrase, il répète la même définition dans une œuvre postérieure : *Imperium terræ finiri, ubi finitur armorum potestas* (1). En passant, il applique sa théorie au cas de la Grande-Bretagne : cette puissance, dit-il, a peut-être été, autrefois, en possession de la mer extérieure, en dehors de la portée du canon ; mais cet état de possession a cessé d'exister. De ce fait, la mer territoriale britannique se trouvait réduite à l'étendue préconisée par Bynkershoek (2).

Bynkershoek ne donne aucun exposé complet ou satisfaisant des questions qui se rattachent à la mer territoriale. Le seul texte qu'il cite à l'appui de sa doctrine est un règlement néerlandais du 3 janvier 1671 enjoignant aux navires néerlandais de saluer les forteresses et villes étrangères à la distance de la portée du canon. Il combat les opinions de Grotius ; mais, cela faisant, il ne tient aucun compte de la théorie de ce dernier sur l'empire de la mer acquis en raison du territoire (*ratione territorii*). Cela est étonnant ; car l'empire de la mer imaginé par Bynkershoek est bien plus que celui admis par Grotius un empire *ratione territorii.*

Les idées de Bynkershoek ne remportèrent pas un succès immédiat, ni parmi les jurisconsultes, ni dans l'usage des nations. Si l'enseignement de Grotius péchait par sa complexité philosophique, la doctrine de Bynkershoek, brutalement simple, n'offrait aucun appui aux hommes d'Etat se trouvant aux prises avec les difficultés variées et changeantes de la vie pratique (3). La doctrine de Bynkershoek

(1) *Quæstiones juris publici* (1737), liv. 1, chap. 8.

(2) *De dominio maris*, chap. 5.

(3) C'était plutôt par complaisance pour le maître que le disciple

n'était même pas faite pour plaire aux adeptes de la philosophie du droit naturel. Les auteurs de la première moitié du XVIIIe siècle s'en tenaient beaucoup plus aux paroles évasives de Pufendorf qu'aux affirmations catégoriques de Bynkershoek. En effet, Pufendorf demeure l'auteur principal en cette matière jusqu'au milieu du siècle.

L'argumentation employée par Pufendorf pour prouver l'empire de l'Etat côtier sur la mer adjacente est tout autre que celle de Bynkershoek. Pufendorf regarde la mer côtière comme une barrière de protection, un rempart (*munimentum*) pour l'Etat côtier ; c'est là que réside, d'après lui, la vraie raison qui justifie l'action de l'Etat côtier s'emparant de l'empire de la mer. La mer côtière est pour l'Etat ce que sont pour une ville les fossés de ses fortifications. La mer est un accessoire de l'Etat de même que les fossés sont des accessoires de la ville. D'après Pufendorf, on ne saurait établir par une règle générale jusqu'à quelle distance la mer adjacente doit tomber sous l'empire de l'Etat côtier. En ce qui concerne l'usage de la mer — chose tout à fait différente de l'empire que l'auteur vient de considérer — la pêche doit être réservée aux nationaux seulement dans les cas de poissons particulièrement rares ou de produits précieux et qui ne se reproduisent que difficilement et lentement, tels que le corail, les perles, etc. (1).

Wolff, le successeur le plus direct de Pufendorf, reflète dans son œuvre rigidement méthodique, *Jus Gentium*,

de Bynkershoek, Théodore Graver, dans une dissertation parue en 1728, prétendit que la portée du canon était la règle généralement adoptée par les nations : *Litorum dominus eo usque et maris imperium videtur possidere, quousque mare terræ subditum est, et quousque alii ab ea maris vicini parte arceri possunt : quod hodie inter gentes eo usque extendi solet, quo usque igniti tormentorum globi explodi possunt* (*Dissertatio juridica inauguralis*, Utrecht, 1728).

(1) Liv. 4, chap. 5, §§ 7-8. Reproduit par L. Holberg, *Introduction*, liv. 1, chap. 12, p. 152-154.

essentiellement les idées de Pufendorf. La haute mer — telle est l'opinion de Wolff — n'est susceptible ni d'occupation ni de propriété ; mais la mer côtière peut être occupée aussi loin que l'Etat côtier est capable d'y maintenir sa propriété (*quo usque dominium in iisdem tueri possunt*). Et pourquoi ? Parce que la pêche et la chasse n'y sont pas inépuisables, et que la navigation étrangère n'y est pas toujours innocente. Il en est de même pour les baies et les détroits. Jusqu'à l'étendue indiquée la mer est sujette à la propriété (*dominium*) et à la juridiction (*imperium*) ; elle constitue une partie du territoire de l'Etat (1). Tout le monde a le droit de naviguer même sur les mers occupées par autrui, pourvu que cette navigation ne donne pas lieu à des craintes de la part de l'Etat propriétaire ; alors la navigation pourra être interdite ou soumise à certaines conditions (2). Du reste, un espace de mer peut, d'après Wolff, être soumis à la juridiction (*imperium*) d'un Etat non propriétaire ; dans ce cas, l'usage de la mer, la navigation, la pêche etc., restent libres pour tout le monde. Wolff cite, à ce propos, les paroles de Grotius sur l'empire de la mer *ratione personarum* et *ratione territorii*. Il ajoute à l'énumération de Grotius le cas d'une flotte armée dominant le trafic sur mer (3). Dans l'exposé de Wolff, la portée du canon placé sur le rivage ne joue pas le rôle d'une limite générale de la mer territoriale ; elle n'est même pas mentionnée par lui.

Dans les usages des nations, la limite de la portée du canon en resta, pendant toute la première moitié du XVIIIe siècle, à l'application qui lui avait été donnée par le siècle précédent, application restreinte à la question de la protection dont jouissait, en temps de guerre, la navigation pacifique. Seulement, à raison des fréquentes et violentes guerres navales qui se livraient à cette époque, en-

(1) §§ 120-132.
(2) §§ 355-356.
(3) § 357.

traînant dans leur tourbillon toutes les nations maritimes de l'Europe, ces questions eurent une importance toujours croissante.

Une seule fois, que je sache, la portée du canon fut proposée comme limite des eaux territoriales dans une question étrangère à la protection maritime. La confiscation opérée par une frégate danoise en 1740 de sept bateaux pêcheurs hollandais qui avaient fait la pêche trop près des côtes d'Islande amena une vive querelle entre les Etats généraux et le gouvernement de Copenhague. Les Etats généraux, s'appuyant sur les dires de Grotius et de Bynkershoek, soutenaient que les pêcheurs hollandais étaient exempts de tout reproche lorsqu'ils demeuraient, en pêchant, à la distance d'une portée de canon des côtes islandaises. De même que cela avait été le cas lors de l'intervention de M. de Martangis en 1691, la portée du canon servit, cette fois aussi, d'alternative à une distance plus grande (1). Le gouvernement dano-norvégien ne voulut pas renoncer à la législation antérieure stipulant une distance de quatre lieues ; et l'affaire en resta là (2). Pour la pêche au large des Færöer et de l'Islande, le gouvernement danois continua, plus ou moins vigoureusement, de maintenir l'ancienne distance jusqu'au XIXe siècle (1836) (3).

A part cet épisode, la portée du canon ne fut jamais adoptée comme limite de la zone réservée aux pêcheurs nationaux. Au contraire, dans les rares occasions où l'on établit pareille zone,— la liberté de la pêche restant toujours le principe reconnu dans tous les pays de l'Europe, exception faite de la monarchie dano-norvégienne et, à un degré mal défini, de la Suède et de la Grande-Bretagne,— c'est aux mesures nautiques de lieue et de mille qu'on eut recours et

(1) Le diplomate néerlandais J. J. Mauricius disait à ce sujet : « Je ne crois pas qu'il y ait au monde aucun canon qui porte une, encore moins quatre lieues » (*Nalcesingen*, 13 septembre 1740).

(2) Voir, sur ce différend, Ræstad, p. 305-306.

(3) *Ibid.*, p. 333-335.

non à la portée du canon. Ainsi, par les traités d'Utrecht en 1713 (1) et de Paris en 1763 (2), il fut défendu aux pêcheurs français de s'approcher des possessions américaines de la Grande-Bretagne plus près qu'à des distances variant de 30 à 3 lieues.

C'est aussi en milles et en lieues que furent désignées les limites de la surveillance maritime en matière de douanes, organisée par plusieurs Etats dans la première moitié du XVIIIe siècle. Dès le commencement du XVIIe siècle, le droit coutumier de Gênes prescrivit qu'aucun navire ne devait être, sans l'autorisation préalable des autorités douanières gênoises, chargé ou déchargé en mer jusqu'à une distance de 25 milles de la terre (3). Les Compagnies concessionnaires qui faisaient en France, dans les premières décades du XVIIIe siècle, le service des douanes, exercèrent, d'après leurs cahiers de charge, la surveillance douanière jusqu'à une distance de la côte indiquée en lieues (4). Mieux connus sont les *Hovering Acts* anglais. Le premier Hovering Act datant de 1736 (9 Georges II, chap. 35) porte que des navires ayant dans leur cargaison du thé ou de l'eau-de-vie seront sujets à la visite et, le cas échéant, à la confiscation desdites marchandises, s'ils sont rencontrés à l'ancre ou louvoyant plus près qu'à une distance de deux lieues de la côte des îles britanniques, et que les marchandises déchargées par des navires se trouvant plus près de la côte qu'à une distance de quatre lieues seront confisquées (5). Les distances alternatives de deux et de quatre lieues furent

(1) Art. 12.

(2) Art. 5.

(3) Burgus, p. 247 : *nec in mari intra XXV millia passuum prope continentem*.

(4) Voir Béquet, *Répertoire*, XIII, p. 207, citant les baux Carlier, du 19 août 1726, art. 395, et de Forceville, du 16 septembre 1738, art. 391 : « Les petits bastimens étrangers et autres qui se trouveraient à la mer, sur les costes à une ou deux lieues au large, seront arrêtez... pour en faire la vérification et la visite. »

(5) Sect. 22 et 23.

converties en une distance uniforme de quatre lieues par une loi de 1784 (24 Georges III, chap. 47). La distance fut portée à huit lieues par une loi de 1802 (42 Georges III, chap. 82), et, plus tard, des distances variant, selon le cas, d'une lieue jusqu'à huit lieues, furent prescrites (1). De semblables dispositions furent prises par plusieurs autres pays, à partir de la deuxième moitié du XVIIIe siècle (2)

En ce qui concerne enfin, la protection offerte à la navigation pacifique par les Etats neutres, certaines puissances, la Grande-Bretagne par exemple, niaient qu'elle pût s'étendre à la mer adjacente en dehors de l'enceinte des ports et de la portée des canons des ports fortifiés. Les puissances qui se rallièrent au point de vue opposé fixèrent l'étendue de leurs eaux neutres de manières différentes. Dans les pays de la Méditerranée, on maintint toujours, du moins dans la doctrine, que tout navire muni d'un sauf-conduit de l'Etat côtier était protégé contre les attaques de l'ennemi jusqu'à la distance de cent milles de la côte (3). Le royaume des Deux-Siciles, fidèle à l'ancien droit sicilien, stipula, par le traité conclu le 7 avril 1740 avec l'empire ottoman, dans une question analogue, la limite du rayon visuel (4). Dans la jurisprudence dano-norvégienne, la même limite, adoptée de nouveau en 1691, fut remplacée au XVIIIe siècle par la limite fixe de quatre milles (5). Mettant à profit le compte rendu d'un débat devant la Chambre des Lords en 1739, au moment où allait éclater la guerre de la succession d'Autriche, un auteur espagnol, d'Abreu y

(1) Fulton, p. 593-594.

(2) Voir plus tard, p. 128-129.

(3) Casaregis, *Discursus* 136 et 174. D'après lui, les navires qui se trouvent sous les canons d'une forteresse côtière ne pourront être, sous aucun prétexte, visités ni attaqués : *Quia dictæ naves non minus sunt sub custodia, et protectione talis principis, quam sunt illius subditi intra civitatis muros existentes* (*Discursus* 174, § 13).

(4) Art. 16 ; Noradounghian, p. 274.

(5) Ræstad, p. 253-254.

Bertodano, écrivant sur la question des prises, avança l'opinion que l'étendue du droit de protection ne saurait être la même sur toutes les côtes : là où la grande route de la navigation suit de près la côte, les eaux neutres doivent être plus restreintes que là où la navigation se tient loin en mer. Dans les eaux européennes, par exemple dans la Manche, la distance de deux lieues donnée par le Hovering Act de 1736 serait convenable, alors que dans les grandes mers, au large des possessions espagnoles en Amérique, une distance de cent milles ne serait pas excessive (1).

Si, malgré tout, l'on tendait de plus en plus à considérer la portée du canon comme la distance naturelle de la protection sur mer, c'est que les prises faites près des ports neutres — cas où s'appliquait, d'après la règle généralement reconnue, la limite de la portée du canon — étaient en même temps les plus fréquentes et celles qui faisaient le plus parler d'elles. Presque toutes les réclamations diplomatiques en cette matière avaient trait à des prises faites sous les canons d'un port neutre.

(1) Chap. 5, p. 74-81. Voici les déclarations de Lord Hervey dans le débat cité par d'Abreu : *There may be reasons for confining the coast within much narrower bounds in some seas than in others. In those seas, where the common course of navigation lies very near the shore, the coast of the neighbowing country must be very much confined ; and in those seas, where the common course of navigation never approaches near the shore, the neighbouring country, or state, may be allowed to extend their coast to a greater distance at sea* (Hansard, X, col. 1202). Le débat des Lords avait cependant trait non à la protection maritime en temps de guerre, mais à la surveillance douanière. Les Anglais se plaignirent de ce que les *guarda-costas* espagnols visitèrent et incommodèrent les navires anglais à une trop grande distance de la côte des possessions espagnoles : bien qu'étant destinés à d'autres endroits, ces navires étaient forcés par les vents et courants prédominants de se tenir près des côtes espagnoles.

VIII

LA PORTÉE DU CANON : DEUXIÈME ÉTAPE

Le XVIIe siècle avait vu éclater des guerres sanglantes pour la possession des mers. Les deux principales puissances navales, l'Angleterre et les Pays-Bas, s'étaient disputé les pêcheries de la Mer du Nord et la chasse aux baleines dans les eaux du Spitsberg. Au XVIIIe siècle, le grand intérêt, l'intérêt mondial qui s'attachait autrefois aux questions juridiques de la souveraineté sur mer s'était effacé. Aussi n'y eut-il en ce siècle aucun renouvellement de l'effort intellectuel qui avait donné des dimensions si grandes à la lutte des partisans de Grotius et de Selden. Les questions juridiques avaient perdu de leur importance, primées qu'elles étaient par les questions politiques. Lorsqu'on discutait, au XVIIe siècle, sur le régime juridique de la mer, c'était la liberté — liberté de la navigation, liberté de la pêche — qui était engagée. Plus tard, la discussion roula sur des questions particulières, de moindre envergure.

Au XVIIIe siècle, c'est surtout en traitant la matière des prises maritimes que les auteurs se prononcèrent sur la question de l'étendue de la mer territoriale. Aussi, par une espèce d'illusion d'optique, la limite qu'ils adoptèrent en définissant l'étendue des eaux neutres se présentait-elle souvent à leur imagination comme la limite générale des eaux territoriales.

Dans un ouvrage sur le droit maritime, paru en 1750, l'auteur allemand J.-J. Surland déclare que le territoire des ports et de la côte s'étend aussi loin qu'on peut dominer la mer par des canons (1). Le premier jurisconsulte de renom qui se soit prononcé dans ce même sens est Emmerich de Vattel. Il s'expliquait, dans son *Traité sur le droit des gens* (1758), de la manière suivante : « Aujourd'hui tout l'espace de mer qui est à la portée du canon, le long des côtes, est regardé comme faisant partie du territoire ; et, pour cette raison, un vaisseau pris sous le canon d'une forteresse n'est pas de bonne prise » (2). L'exemple apporté fait douter si, d'après Vattel, la limite de la portée du canon s'applique aussi aux prises effectuées au large d'une côte non garnie de forteresses. L'auteur danois Hübner (*De la saisie des bâtiments neutres*, 1759), envisageant ce dernier problème, s'exprime en termes prudents. Les bâtiments neutres ne doivent, d'après Hübner, ni être visités, ni être pris lorsqu'ils se trouvent dans les ports ou bien sous les canons d'une puissance également neutre. Il se demande s'il en est de même lorsque les bâtiments se trouvent dans les rades foraines appartenant à un port ou à un pays neutre. Il est d'avis que cette question doit être résolue par l'affirmative, les bâtiments mouillant dans une rade foraine s'étant mis sous la protection de l'Etat côtier. « D'ailleurs — poursuit-il — la prudence veut qu'un souverain neutre éloigne, autant qu'il est possible, de ses frontières ou de ses côtes, tout ce qui a un rapport direct à la guerre, et surtout les voies de fait, afin de prévenir toute violation de neutralité, qui pourrait facilement avoir lieu, si les droits de la guerre s'exerçaient, pour ainsi dire, à la vue de son pays. Au reste, quelque difficile qu'il soit de déterminer au juste jusqu'où s'étend sur la mer le domaine du maître des côtes, il est assez constant qu'il va au moins aussi loin que la portée de son

(1) § 483, p. 88. La déclaration laconique de Surland ne permet pas de vérifier si la limite de la portée du canon s'applique, d'après lui, là même où il n'y a pas de canons sur le rivage.

(2) Liv. 1, chap. 23, § 289.

artillerie, dont il peut toujours se servir pour avertir efficacement ceux qui s'oublient qu'ils en violent les droits (1) ». R.-J. Valin, traitant des prises maritimes d'après la jurisprudence française (1763), constate que les prises faites dans un port étranger ami ou neutre, ou sous le canon d'une forteresse d'une puissance amie ou neutre, ont toujours été interdites par le droit des gens. En ce qui concerne les prises « faites dans les mers adjacentes aux ports de ces mêmes puissances neutres », il se borne à citer l'auteur espagnol d'Abreu qui « les déclare nulles, surtout si elles ont été faites à moins de deux lieues de distance des côtes » (2). Dans son *Commentaire sur l'ordonnance de la marine* (1760), Valin mentionne côte à côte la limite de deux lieues, consacrée, dit-il, par les traités de commerce, et celle de la portée du canon (3).

C'est de cette même époque que datent les premiers traités limitant les eaux neutres à la portée du canon des côtes. L'article 2 du traité conclu entre la Grande-Bretagne et Alger le 14 mai 1762 porte que les vaisseaux appartenant aux nations chrétiennes en inimitié avec la Grande-Bretagne seront de bonne prise aux navires de guerre ou armateurs anglais s'ils sont rencontrés en mer au delà de la portée du canon des côtes algériennes (4). La même disposition se retrouve dans le traité conclu entre la Grande-Bretagne et la Tunisie le 22 juin 1762 (art. 3). D'autre part, les corsaires barbaresques étaient obligés de ne point croiser en vue des ports et des forteresses anglaises, et même des possessions britanniques en général (5). De son

(1) Part. 1, chap. 8, § 10.

(2) Part. 1, chap. 4, sect. 3, § 4-5, p. 45.

(3) La limite de deux lieues est donnée aussi par le *Grand répertoire de jurisprudence*, éditions de 1777 et de 1812, dans l'article « Mer », et par Emerigon, *Traité des assurances*, I, p. 448 (1783).

(4) ... *and not within the reach of cannon shot of the shore.*

(5) Traités avec le Tripoli des 5 mars 1676 (art. 8), 19 juillet

côté, la Grande-Bretagne s'engagea dans lesdits traités avec Alger (art. 3) et la Tunisie de 1762 (art. 4) à ne point faire capturer des navires appartenant à des puissances mahométanes lorsqu'ils étaient rencontrés en vue des côtes algériennes ou tunisiennes (1).

La guerre navale qui suivit le soulèvement des colonies américaines en 1775, entre la France, l'Espagne, les Pays-Bas d'un côté, la Grande-Bretagne de l'autre, provoqua de la part de plusieurs Etats italiens des déclarations de neutralité portant que les navires marchands devaient être exempts de capture au large de la côte jusqu'à la portée du canon : déclarations du Grand-Duc de Toscane (1er août 1778), du Pape (4 mars 1779), de Gênes (1er juillet 1779), de Venise (9 septembre 1779) (2). Dans ces déclarations, la limite est définie en termes presque identiques : *nella distanza che potrebbe circonscriversi da un tiro di cannone, dentro la distanza di un tiro di cannone da terra, spazio circoscritto dalla portata d'un grosso cannone di batteria*. C'était donc le plus gros canon de terre qui devait déterminer l'étendue exacte de la portée du canon. Les quatre déclarations défendaient en outre aux navires de guerre de croiser en vue des ports ou rades des Etats italiens (3).

La question de l'étendue exacte de la portée du canon était donc posée en Italie. La réponse qui devait faire autorité dans l'avenir fut donnée par un Italien. Le philosophe Fernando Galiani, dans un ouvrage sur les devoirs des Etats neutres (1782), entre en effet dans la discussion des questions

1716 (art. 24) et 19 septembre 1751 (art. 21) ; avec la Tunisie des 30 août 1716 (art. 11) et 19 octobre 1751 (art. 11) ; avec Alger des 10 avril 1682 (art. 8), 5 avril 1686 (art. 8) et 17 août 1700 (art 1er).

(1) ... *within sight of any part of the coast of the Kingdom of Algier (Tunis)*.

(2) Martens, *Recueil*, 2e éd., I, p. 24, 47, 52, 64.

(3) Venise : art. 10 ; le Pape : préambule ; Toscane : art. 2 ; Gênes : art. 3.

relatives à la mer territoriale. Le plus sûr, d'après lui, est d'admettre que le territoire se continue dans l'eau jusqu'à la plus grande distance où les boulets d'une batterie placée sur le rivage arriveraient à frapper. Galiani cherche une définition exacte de cette distance. Il propose la distance de trois milles — assurément, dit-il, la plus grande distance où un boulet peut être jeté par la force de la poudre, dans l'état où se trouve l'artillerie. Lorsqu'il s'agit de l'exercice par l'Etat riverain de droits bienfaisants, — protection du commerce neutre et interdiction aux navires de guerre ennemis de se livrer bataille, — Galiani est d'avis qu'il faudrait étendre la zone territoriale jusqu'à deux lieues, distance observée, dit-il, en pareille matière par plusieurs Etats de l'Europe. Galiani recommande un régime spécial pour les baies qui devraient être considérées comme faisant partie du territoire de l'Etat, même si les distances du milieu jusqu'à la terre circumjacente sont en toutes directions supérieures à trois milles. Il cite plusieurs raisons pour démontrer que les baies doivent en tout cas être respectées comme eaux neutres : le navire qui entre dans une baie fait voir, par là même, ou qu'il est destiné à un endroit situé dans la baie, ou qu'il cherche de se protéger soit contre la tempête, soit contre les ennemis (1).

L'influence de Galiani se fit immédiatement sentir dans la théorie du droit international et dans les usages des nations. Après lui, les auteurs commencèrent à identifier la portée du canon et la limite des trois milles, limite qui était, d'ailleurs, mieux adaptée que la formule abstraite de Bynkershoek aux besoins du droit international.

Au XVIIe siècle, les discussions sur la souveraineté de la mer s'étaient prolongées à l'infini sans qu'on pensât à se rendre compte des dispositions positives en vigueur à ce

(1) P. 421-422.

sujet dans les différents pays. Lorsqu'on s'occupait des témoignages historiques, c'était presque toujours pour remonter à l'antiquité ou pour accumuler des faits d'une valeur discutable. Au XVIIIe siècle, cela changea. Plusieurs auteurs, comme Hübner et Moser (1), s'attachèrent plus spécialement à relever les dispositions contractuelles intervenues sur tel ou tel sujet ; les grands recueils de traités qui furent publiés par Leibnitz, Rymer, Dumont, Rousset, facilitèrent ce travail indispensable à la vraie connaissance des choses internationales. Le danger était maintenant de tirer des conclusions trop vastes d'un nombre limité de dispositions. Cela s'est vérifié dans le cas de certains auteurs de l'époque suivante.

L'auteur qui, le premier après Galiani, s'est occupé de la question de la mer territoriale, P.-J. Neyron (1783), ne connaît pas encore la limite de trois milles préconisée par son prédécesseur : « L'on a reconnu, dit-il, sans traités, par un consentement général, la propriété des districts maritimes jusqu'à la portée du canon : droit qui a principalement lieu en temps de guerre... et aussi à l'égard de la pèche et des défraudemens sans compter les bras de mer, golphes ou lacs enclavés dans un Etat » (2). Plus nettement, G.-F. de Martens exprime les mêmes pensées dans son ouvrage de début, *Primæ lineæ juris gentium* (1785) : la mer voisine, aussi loin qu'elle est dominée par les canons placés sur le rivage, appartient en propriété (*in dominio*) à l'Etat riverain ;

(1) Moser, auteur danois (1778), attribue à l'Etat côtier la souveraineté (*Oberherrschaft*) de la mer voisine jusqu'à la portée du canon (*Versuch*, vol. 5, liv. 5, chap. 12, § 6-7, p. 486-487). Les exemples alléguées par Moser ont tous, cependant, trait à la capture de navires marchands sous les canons d'une forteresse (cf. vol. 10, liv. 20, chap. 2, § 25, p. 294 et suiv.).

(2) § 266, p. 239-240. Neyron applique, apparemment sans y faire attention lui-même, la limite de la portée du canon à la pêche maritime appropriée à l'Etat.

elle est censée être une partie de son territoire ; la nation propriétaire en a l'usufruit, à l'exclusion de toutes autres nations ; à plus forte raison a-t-elle le droit de réglementer par des lois ou frapper par des impôts la navigation et la pêche étrangères (1). Dans son ouvrage bien connu, *Précis du droit des gens moderne* (1789), Martens résume le droit contemporain au sujet de la mer territoriale dans les termes suivants : « L'usage généralement reconnu étend les droits du maître du rivage sur les détroits, sur la mer voisine en général jusqu'à la portée du canon placé sur le rivage ; c'est-à-dire jusqu'à trois lieues du rivage, et c'est là ce qu'une nation peut prétendre du moins aujourd'hui » (2). Sur la mer voisine ainsi définie, l'Etat côtier a l'empire et la propriété avec tous les droits qui en découlent. Martens commet l'erreur de convertir la portée du canon en trois lieues (neuf milles), distance qui, couverte par l'artillerie moderne, ne l'était nullement par les canons de 1789. Martens établit, du reste, une distinction entre la « mer voisine » et les parties de la mer plus éloignées de la côte, la « mer adjacente ». Jusqu'à quelle mesure l'Etat côtier aura-t-il la propriété ou, du moins, la juridiction sur la mer adjacente, c'est une question relevant de l'histoire. Les baies de moindre grandeur tombent, d'après lui, sous la règle de la portée du canon ; les grandes baies, les golfes, seront soumis à la règle de la mer adjacente (3). L'auteur allemand Günther identifie (1792), comme Martens, la portée du canon avec la distance de trois lieues. L'usage est, selon Günther, d'étendre les frontières des Etats maritimes jusqu'à une distance de trois lieues en mer, ou aussi loin que porte un coup de canon. Il donne comme exemple l'article 5 du traité conclu à Paris en 1763 qui interdisait aux pêcheurs français de faire la pêche dans le

(1) § 110, p. 108-109 ; § 115, p. 112.

(2) Liv. 4, chap. 4, § 122, p. 189 ; § 128, p. 196.

(3) *Ibid.*, §§ 123-124, p. 190-192 ; cfr. *Primæ Lineæ*, chap. 4, § 111-112, p. 109-110.

golfe de Saint-Laurent en deça d'une distance de trois lieues de la côte(1). La différence entre les termes de lieue et de mille était sans doute mal connue de Martens et de Günther ; prenant la disposition du traité de 1763 pour une confirmation de la doctrine de Galiani, ils n'ont pas hésité à en conclure que la mesure de trois lieues et celle de la portée du canon étaient identiques. Martens s'est, du reste, corrigé dans la deuxième édition de son *Précis* (1801). Parlant de l'Etat côtier, il y dit : « Aujourd'hui toutes les nations de l'Europe conviennent que dans la règle les détroits, les golphes, la mer voisine lui appartiennent pour le moins jusqu'à la portée du canon qui pourrait être placé sur le rivage. Dans nombre de traités on a même adopté le principe plus étendu des trois lieues » (2).

Dans le droit positif, la limite de la portée du canon n'occupait aucunement la place qui lui était assignée par les auteurs. D'abord, son emploi était restreint aux règlements et traités concernant les prises maritimes. En ce qui concerne la navigation, la pêche, la surveillance douanière et sanitaire, on lui a préféré d'autres moyens de limitation : les lieues ou les milles, la portée de la vue.

Les *Hovering Acts* furent suivis, en Angleterre, d'une nouvelle législation ayant pour objet d'empêcher l'importation dans le pays de maladies contagieuses, plus particulièrement de la peste. Une loi de 1753 (26 Georges II, chap. 6) enjoignit aux navires venant d'endroits contaminés par la peste, d'en avertir les navires qu'ils rencontreraient, moyennant des signaux, dès qu'ils s'étaient approchés de la côte britannique à une distance de quatre lieues La zone de la surveillance sanitaire fut plus tard réduite à deux lieues (3).

Par une ordonnance en date du 17 décembre 1760, le roi

(1) Vol. 2, p. 203-204.
(2) Liv. 2, chap. 1, § 40, p. 71-72.
(3) 6 Georges IV, chap. 78. Voir Fulton, p. 594.

d'Espagne prescrivit que les navires ayant du tabac et du sel dans leur cargaison, s'ils étaient rencontrés à une distance d'une ou deux lieues de la côte, seraient visités par les autorités douanières espagnoles (1). Le traité conclu entre la France et l'Espagne le 27 décembre 1774 autorisa les autorités douanières françaises et espagnoles à saisir, jusqu'à une distance de deux lieues de la côte, les navires espagnols et français chargés de marchandises prohibées (2). En vertu de ce traité, une ordonnance espagnole du 1er mai 1775 régla la manière de procéder des agents douaniers de l'Espagne à l'égard des contrebandiers français ; la limite de deux lieues y est mentionnée aux articles 3 et 6 (3). La même limite se retrouve dans l'ordonnance espagnole du 3 mai 1830 portant qu'on considérera comme faisant une fraude douanière le navire chargé de marchandises prohibées qui s'approche sans raison suffisante à une distance de moins de six milles de la côte espagnole (4). En France, la zone douanière fut maintenue à deux lieues par la loi du 22 août 1791 (art. 7, tit. 13), puis élargie à quatre lieues par la loi de 1794 (4 germinal an II, art. 3, tit. 2) ; cette dernière distance fut convertie en deux myriamètres par la loi du 27 mars 1813 (art. 13). Aux Etats-Unis d'Amérique, la surveillance douanière s'exerçait, d'après des décrets datant de 1797, 1799 et 1807, jusqu'à quatre lieues de la côte. De pareilles limites, calculées en mil-

(1) Art. 5 : *Tambien mando, que cuando se encuentren, en la costa bastimentos menores con tabaco y sal á distancia de una ó dos leguas, par el probable recelo de que se empleen en el fraude, se visiten.* Riquelme, II, p. 194. Cf. les dispositions françaises analogues de 1726 et 1738, p. 118.

(2) Art. 8 : « A deux lieues de distance au large dans la mer ».

(3) Riquelme, II, p. 197-198.

(4) Art. 15, no 2 : *En las seis millas maritimas inmediatas à tierra* ; Riquelme, II, p. 200, cfr. I, p. 213. Six milles = deux lieues.

les ou lieues ou en mesures nautiques analogues (1), furent adoptées, à partir de la deuxième moitié du XVIIIe siècle, pour ce qui concerne la surveillance douanière et sanitaire, dans la plupart des pays maritimes de l'Europe.

La pêche côtière resta encore dans la deuxième moitié du XVIIIe siècle, en Europe, généralement libre pour les pêcheurs étrangers. Mais les gouvernements montrèrent une tendance toujours plus marquée à vouloir imposer aux étrangers l'observation des mêmes réglementations qu'ils faisaient observer par leurs nationaux, et dont le rayon d'action s'étendit souvent à une distance de la côte mesurée en lieues ou en milles (2). Les nombreuses dispositions réservant aux nationaux la pêche au large des possessions européennes en Amérique, — dispositions dont l'origine remonte à la lutte des Anglais,des Français et des Espagnols pour obtenir ou retenir la possession des riches pêcheries de la Terre-Neuve et des contrées avoisinantes, — avaient, cependant, créé une jurisprudence pour ainsi dire américaine en matière de pêche. Le traité de Versailles en 1783, avait maintenu en vigueur les stipulations des traités d'Utrecht et de Paris relatives à la pêche française au large des possessions de la Grande-Bretagne en Amérique. Lors des négociations de paix entre la Grande-Bretagne et les Etats-Unis d'Amérique (1779-1782), il fut entendu des deux côtés que la pêche pouvait être réservée aux nationaux jusqu'à une distance de trois lieues au large des côtes respectives (3). En fin de compte, le traité de paix de 1783 laissa aux pêcheurs américains la pleine liberté de pêcher sur les côtes des possessions britanniques.

(1) En Suède, c'est la lieue de terre (à six milles environ) qui constituait la limite en matière de douanes ; voir Blomberg, p. 47, note 1.

(2) Voir les exemples cités par Fulton, p. 605-606, 608-609.

(3) *North Atlantic Coast Fisheries Arbitration*, *British counter case*, *Appendix*, p. 18, 23, 29, 96 ; *Oral Argument*, p. 11-12 et suiv.

Par le traité sus-mentionné du 28 octobre 1790, il fut interdit aux sujets britanniques de naviguer et de pêcher dans un rayon de dix lieues de la côte des possessions espagnoles de l'Océan Pacifique.

En Europe, la Norvège avait toujours — nous avons déjà pu le constater — gardé une position particulière dans les questions de pêche. Sauf en ce qui concerne la chasse aux baleines, défendue au large du Finmarken jusqu'à une distance de dix *mil* de la côte (1), l'étendue de la zone réservée aux pêcheurs nationaux n'avait été définie que pour les îles dépendantes, l'Islande, les Færöer et le Grönland (2). Sur les côtes norvégiennes, les habitants exerçaient la pêche sans aucune immixtion de la part des pêcheurs étrangers ; ainsi, le besoin d'une définition de la zone réservée ne s'imposa pas. Une tradition ancienne et interrompue faisait considérer les places de pêche elles-mêmes comme une propriété des habitants. Vers le milieu du XVIIIe siècle, les pêcheurs russes commencèrent à fréquenter les côtes orientales du Finmarken. En 1743, le préfet du Finmarken leur permit, contre paiement d'une taxe, de pêcher à une distance d'une lieue norvégienne au large de la côte. Cette mesure fut, le 10 février 1747, approuvée par le roi. Bien que la limite d'une lieue ne fût pas à l'origine destinée à indiquer l'étendue des eaux territoriales, on en vint, dans la suite, à regarder la pêche au delà de cette limite comme libre, la taxe imposée en 1743 se transformant en une redevance payée par les Russes en retour des privilèges dont ils jouissaient à terre (3). Par une coïncidence peut-être fortuite, la distance d'une lieue remplaça, à la même époque, dans la jurisprudence dano-norvégienne en matière de pri-

(1) Concessions royales des 3 décembre 1692 et 11 janvier 1698 ; voir Ræstad, p. 241-242.

(2) La limite de quatre *mil* était appliquée à la pêche au large de Grönland à partir de 1734 ; *ibid.*, p. 238-239.

(3) Voir *ibid.*, p. 336-337.

ses maritimes, l'ancienne limite de quatre lieues. Introduite par un décret royal du 18 juin 1745, la limite d'une lieue fut, en cette matière, consacrée par une série de dispositions dans la deuxième moitié du siècle (1). Sous l'influence de ces faits, la jurisprudence dano-norvégienne reconnut, depuis la fin du XVIIIe siècle, dans la lieue la limite générale de la souveraineté sur mer (2).

La réalité ne répondait donc nullement aux assertions catégoriques des auteurs attribuant à la portée du canon le rôle de limite générale des eaux territoriales. En définitive, une limite générale n'existait encore nulle part, sauf dans la monarchie dano-norvégienne et, peut-être, en Suède qui, suivant cet exemple, adopta la lieue comme limite de la mer territoriale (3). Seulement — et c'est probablement le fait qui a fait penser à tant d'auteurs qu'ils reproduisaient la vraie jurisprudence des nations — la portée du canon était, depuis la fin du XVIIIe siècle reconnue par la plupart des Etats, comme limitant l'étendue de la protection offerte, au large des côtes non fortifiées, à la navigation pacifique en temps de guerre. Ce progrès ne fut pourtant réalisé que difficilement. Les débris de l'ancien système encombrèrent longtemps la route. Le respect de la côte était, dans le traité entre les Etats-Unis d'Amérique et le Maroc de 1785, limité « à la portée du canon des châteaux ». Parfois, on trouvait nécessaire de déclarer expressément que les eaux neutres s'étendaient jusqu'à la portée du canon, qu'il y eût ou non des canons sur le rivage (4). Autre-

(1) Ordonnances royales des 7 mai 1756, 23 février et 27 juillet 1759, 10 novembre 1779. Voir Ræstad, p. 329 et suiv.

(2) *Ibid.*, p. 339 et suiv.

(3) La lieue était adopté comme limite des eaux neutres en matière de prises par le règlement de prises suédois du 8 juillet 1788 (art. 1, § 1, répété par le règlement du 12 avril 1808 art. 1, § 1); voir Ræstad, p. 340.

(4) Supplément aux traités antérieurement conclus entre la France

ment, les traités qui se conformaient aux règles de la nouvelle jurisprudence portaient que les parties contractantes ne voudraient pas tolérer la capture des navires marchands « sur les côtes, à la portée du canon » (1), ou ne voudraient attaquer les navires ennemis que « hors de la portée du canon des côtes de son allié » (2).

A peine la jurisprudence européenne eut-elle accepté définitivement la portée du canon comme limite générale des eaux neutres, que le besoin de précision amena, au lieu et place de cette mesure abstraite, l'adoption de son équivalent calculé en milles. Galiani avait, en 1782, proposé de lui substituer la limite fixe de trois milles (3). Il est peut-être tout naturel que la limite de trois milles fût adoptée tout d'abord par les Etats-Unis d'Amérique : la limite de la portée du canon n'y avait pas été usitée comme elle l'avait été en Europe, où elle était appliquée quotidiennement ; les Etats-Unis étaient familiarisés avec l'usage de compter les limites en lieues et milles à cause des traités de pêche relatifs aux pêcheries américaines. Quoi qu'il en soit, la déclaration de neutralité des Etats-Unis du 22 avril 1793 fixa l'étendue du territoire maritime neutre à une lieue ou à trois milles, ce qui était, aux termes de la déclaration, la portée universellement reconnue d'un coup de canon (4). D'après le traité dit Jay's Treaty, conclu entre la Grande-Bretagne et les Etats-Unis en 1794, la protection promise

et la Tunisie du 25 mai 1795 ; Martens, VI, p. 123-124. Décret espagnol du 20 juin 1801, art. 35 ; Riquelme, 2, p. 244.

(1) Traité de commerce entre la France et la Grande-Bretagne du 26 septembre 1786, art. 41.

(2) Traités conclus par la Russie avec la France le 11 janvier 1787, art. 28, avec le royaume de Naples le 17 janvier 1787, art. 19, et avec le Portugal, le 20 décembre 1787, art. 24.

(3) La formule de Galiani fut reprise par son compatriote Azuni dans un livre très répandu, *Sistema universale dei principiis del diritto marittimo dell'Europa* (1795).

(4) Fulton, p. 573-574.

par une partie aux navires de l'autre partie en temps de guerre était cependant limitée à la portée du canon de la côte (1). La limite de trois milles gagna bientôt l'Angleterre ; dès 1800, Sir William Scott (plus tard Lord Stowell), juge à l'Amirauté anglaise, émettait, à l'occasion de la capture du navire *Twee Gebroeders*, l'opinion que la limite de trois milles était la limite des eaux neutres reconnue par le droit des gens (2). En 1805, le même juge déclarait que la portée du canon avait généralement été estimée à trois milles du rivage (3). Portée du canon et trois milles, ces termes furent introduits comme synonymes dans le traité (non ratifié), de 1806 entre la Grande-Bretagne et les Etats-Unis (4). En 1812, le juge américain Story, dans le cas de la capture du brick *Ann*, disait même que « tous les auteurs ayant écrit sur le droit international sont d'accord que chaque nation a juridiction exclusive jusqu'à la distance d'une portée de canon, ou d'une lieue marine, sur les eaux baignant ses côtes » (5).

En France, la portée du canon fut reconnue comme limite des eaux neutres en matière de prises maritimes par les traités sus-mentionnés, conclus avec la Grande-Bretagne et la Russie en 1786 et 1787. Toutefois, un arrêt du Conseil des prises du 15 août 1800 partait de la supposition qu'une capture ne pourrait légalement être effectuée à une distance moindre de deux lieues de la côte (6). D'autre part, un arrêt postérieur de ce Conseil, rendu le 19 octobre 1808, décida que les baies ouvertes — il s'agissait dans l'espèce de la baie de Pillau — ne faisaient pas partie du territoire mari-

(1) Fulton, p. 574-575.

(2) *Ibid.*, p. 577-578.

(3) *Ibid.*; p. 579.

(4) Art. 12 et 19 ; cf. *North Atlantic Coast Fisheries Arbitration, Oral Argument*, p. 27-28, 632, 800, 1300-1301.

(5) *Oral Argument*, p. 633 et suiv.

(6) De Cussy, I, p. 92, 249 ; Jacobsen, I, p. 87 et suiv.

time en dehors de la portée du canon de la terre (1). A la fin des guerres napoléoniennes, la France ne s'était pas encore, à ce qu'il semble, prononcée pour l'adoption de la limite de trois milles comme équivalant à la portée du canon.

En Espagne, la portée du canon était convertie, non en trois milles mais en deux milles (2). D'après le droit espagnol, un navire qui était à l'ancre, en vue de la côte espagnole, devait être exempt de toute capture, « puisqu'un navire mouillé doit être considéré comme étant sous la protection de la côte » (3).

Pour conclure, voici quelle était, à la fin du XVIIIe et au commencement du XIXe siècle, l'évolution accomplie : La limite italienne de cent milles avait été abandonnée, même sous la dernière forme qu'elle avait revêtue, celle d'une limite de l'action des sauf-conduits sur mer. La limite de la vue était sur le point de disparaître, maintenue seulement par quelques dispositions démodées du régime des prises maritimes, et surtout dans les rapports avec les Etats barbaresques. La limite de la portée du canon, la règle principale en matière de prises maritimes, avait une tendance de plus en plus marquée à se transformer en une distance calculée en milles ou lieues. L'équivalent qui en était donné d'ordinaire, celui de trois milles, était d'autant plus acceptable en pratique qu'il représentait l'unité nautique la plus connue, celle de la lieue. Dans les pays scandinaves, c'était l'unité nautique en usage, le *mil*, qui

(1) De Cussy, II, p. 71-73 ; *Répertoire de jurisprudence*, article *Prise maritime*, vol. 9 (1813), p. 842-843.

(2) 2 millas = environ 3.700 mètres. Décret du 14 juin 1797, art. 1 ; Riquelme, II, p. 252, cf. I, p. 296. Voir aussi traité entre l'Espagne et le Maroc du 1er mars 1799, art. 21.

(3) Traité entre l'Espagne et le Maroc du 14 juin 1786, art. 6 (traduction française, Martens, IV, p. 127) ; voir aussi le traité précité avec le Maroc du 1er mars 1799, art. 21.

fournissait la limite générale de la mer territoriale. En toutes matières autres que les prises maritimes, les limites en usage étaient, dans tous les pays, des limites calculées en milles ou en lieues ; il en était ainsi, par exemple, pour les limites de la surveillance douanière et sanitaire, les limites des ordonnances de police relatives à la pêche, etc.

La tendance générale c'était donc l'adoption de limites calculées en milles ou en lieues. La définition de plus en plus précise de la valeur de ces unités, qui variaient suivant les différents pays, facilita leur adoption dans les usages des nations, en attendant qu'on tombât d'accord sur une unité ayant vraiment le caractère d'une mesure internationale.

IX

LES TEMPS MODERNES. LA LIMITE DE TROIS MILLES

Les guerres navales ont été comparativement peu nombreuses au XIXe siècle. Les prises maritimes ont, par conséquent, diminué d'importance ; les armements en course, interdits par la Conférence de Paris en 1856, ont disparu. Introduite à l'origine pour déterminer la validité des prises maritimes, la règle de la portée du canon ou, pour mieux dire, de son équivalent, la distance des trois milles, a, cependant, été maintenue pour établir la limite des eaux neutres, bien que la neutralité soit maintenant prise dans un sens plus large qu'aux siècles passés. La raison en doit être cherchée, soit dans les tendances conservatrices des chancelleries, qui n'abandonnent pas volontiers une formule acquise, soit dans une application plus générale de la limite des trois milles.

Au cours des négociations qui suivirent la paix de Gand en 1814, le gouvernement britannique fit connaître au gouvernement des Etats-Unis son intention d'interdire aux Américains de pêcher sur les côtes des possessions britanniques ; aux Etats-Unis, on soupçonnait généralement la Grande-Bretagne de vouloir fermer jusqu'à une très grande distance les eaux côtières de ses possessions. Cependant, le gouvernement britannique déclara au gouvernement américain, en 1815, son intention de ne réserver aux pêcheurs nationaux qu'une zone de trois milles. Le traité conclu entre les deux puissances le 20 octobre 1818 contient dans son article 1er une clause portant que les Etats-Unis renoncent, à perpétuité, pour leurs ressortissants, à la faculté de pêcher jusqu'à une distance de trois milles marins au large des côtes des possessions britanniques. Cette clause, dite *renunciatory clause*, fut insérée dans le traité sur la proposition des délégués américains qui voulaient, de la sorte, mettre hors de doute que la Grande-Bretagne n'était pas en droit d'interdire aux pêcheurs américains la pêche en dehors de la limite de trois milles (1).

Il faut remarquer que cette distance de trois milles n'est pas prise, ici, comme l'équivalent de la portée du canon. Les comptes-rendus des négociations de 1818 ne permettent pas de croire qu'il soit jamais entré dans la pensée des négociateurs de consacrer la portée du canon comme limite des eaux territoriales en matière de pêche. D'autre part, la distance de trois milles formait, dans le langage de la jurisprudence américaine, la limite de la juridiction exclusive de l'Etat côtier (2). La limite de trois milles était donc, dans l'espèce, la limite la moins étendue qu'on pût choisir lorsqu'on décida d'abolir la liberté de la pêche. Les négociateurs américains pouvaient se vanter d'avoir remporté un succès diplomatique en obtenant que la zone réservée aux pêcheurs nationaux fût limitée à une lieue.

La règle des trois milles posée par le traité de 1818 fut donc, jusqu'à nouvel ordre, une disposition isolée de la législation internationale sur la pêche côtière. Cette disposition fit cependant école. Elle fut adoptée dans le traité conclu entre la France et la Grande-Bretagne le 2 août 1839 en vue de régler la pêche des huîtres et les autres pêcheries sur les côtes françaises et britanniques. La disposition générale, contenue dans l'article 9, était ainsi conçue : « Les

(1) *Oral Argument*, *passim* (surtout p. 481).
(2) Voir les déclarations du juge américain Story, p. 134.

sujets de S. M. le roi des Français jouiront du droit exclusif de pêche dans le rayon de trois milles, à partir de la laisse de basse mer, le long de toute l'étendue des côtes de France ; et les sujets de S. M. Britannique jouiront du droit exclusif de pêche dans un rayon de trois milles de la laisse de basse mer, le long de toute l'étendue des côtes des îles britanniques ». Ainsi définie, la règle des trois milles fut insérée encore dans le traité de pêche (non ratifié) entre la France et la Grande-Bretagne du 11 novembre 1867, et dans l'accord intervenu entre la Grande-Bretagne et l'Union de l'Allemagne du Nord en 1868 (1). La limite des eaux territoriales est fixée de la même manière par l'article 2 de la convention relative aux pêcheries dans la Mer du Nord, conclue entre la Grande-Bretagne, la France, la Belgique, les Pays-Bas et le Danemark le 6 mai 1882 (2). D'après l'article 3 de cette convention, les milles marins dont il est question sont des milles géographiques de 60 au degré de latitude. Un mille marin est, d'après le calcul en usage aujourd'hui, d'environ 1852 mètres (3). Voici donc enfin un accord international fixant la valeur de la mesure nautique qui sera employée dans les délimitations de la mer territoriale.

Il faut observer que jamais, au cours des négociations précédant ces traités de pêche, il n'a été question de consacrer une règle limitant à la portée du canon les eaux territoriales en matière de pêche. La limite de trois milles a été adoptée indépendamment, et non en raison d'une équivalence avec la portée du canon. On s'est soucié si peu de la fiction d'une

(1) Fulton, p. 652.

(2) Par un traité signé à Londres le 24 juin 1901, le Danemark a adhéré à la limite de trois milles, à peu près dans les termes de la convention de 1882, pour ce qui concerne la pêche dans les eaux territoriales d'Islande et des Færöer.

(3) C'est la valeur moyenne du degré de latitude qui est à la base du calcul susmentionné. Le mille italien était, depuis le xve siècle, calculé à 1/60 d'un degré équatorial.

domination de la mer côtière par la puissance des canons qu'on a fini par mesurer la distance de trois milles à partir de la marée basse. Par contre, lorsqu'il était question de la limite des eaux neutres, on a pris comme point de départ, pour le calcul des trois milles, la terre ferme, non couverte par la haute marée (1). L'importance qu'on a attachée, lors de la conclusion du traité de pêche de 1839, à l'adoption de la ligne de la marée basse comme point de départ de la zone réservée aux pêcheurs nationaux, s'explique par des considérations ayant trait seulement à la pèche. Il se trouve sur les côtes française et anglaise des endroits où la marée basse laisse à sec des terrains considérables couverts par la mer au temps de la haute marée. L'étendue de la zone réservée sera, à ces endroits, très différente suivant qu'on mesurera les trois milles à partir de la basse ou de la haute marée. Du reste, la situation légale du terrain compris entre les deux marées à été très discutée, en Angleterre, pendant les années qui précédèrent la conclusion du traité de 1839 (2). D'après la doctrine officielle, ce terrain appartenait, en principe, à la couronne qui avait, cependant, en nombre de cas, laissé des droits — des droits de pêche, par exemple — aux particuliers. En tout cas, on était fixé sur un point : le rivage (*the foreshore*) ne devra pas être soumis au même régime juridique que la mer. C'est également en vertu des considérations spéciales qui n'ont rien à voir avec la portée du canon, que le traité de 1839, et les traités de pêche qui l'ont suivi ont prescrit de mesurer, dans les baies, la limite de trois milles à partir d'une ligne droite tirée en travers de la baie dans la partie la plus rapprochée de l'entrée, au premier point où l'ouverture n'excéderait pas

(1) Voir les considérants dans l'affaire *Twee Gebroeders* en 1800, Fulton, p. 578-579.

(2) L'ouvrage de R. G. Hall, *Essay on the rights of the Crown and the privileges of the subject in the sea shores of the realm*, parut en 1830. — Cf. Moore, *passim*.

dix milles (1). Il n'y a là rien qui se rattache à l'idée de la portée du canon.

C'est ainsi la limite de trois milles, et non la portée du canon, qui a été adoptée, au cours du XIXe siècle, par plusieurs puissances comme limite des eaux territoriales réservées aux pêcheurs nationaux. Par une généralisation qui n'a rien de surprenant, vu les précédents qu'offre l'histoire de la mer territoriale, cette règle a fini par être adoptée dans nombre de pays comme la règle générale de la limite des eaux territoriales. La limite de la portée du canon a, en réalité, perdu toute sa force légale, bien que, par réminiscence, elle reparaisse quelquefois, même aujourd'hui, dans les règlements de neutralité, etc., à côté de la limite véritable de trois milles. Celle-ci reste la seule valable même au large des forteresses côtières dont les canons parviennent à dominer la mer au delà d'une distance de trois milles de la côte. Même dans l'ordre des cas où la portée du canon a été reconnue comme la limite pendant des siècles, elle a donc été remplacée par la distance des trois milles.

La limite de trois milles n'a cependant pas été adoptée partout. Elle l'a été, au cours du XIXe siècle, par un grand nombre de puissances en matière de pêche, de neutralité et de juridiction civile et criminelle ; mais, parmi ces puissances, il y en a qui pratiquent l'usage d'autres limites, plus étendues, en matière de surveillance douanière et sanitaire. Chez plusieurs Etats, la limite de trois milles n'est pas reconnue du tout, ou n'est reconnue que dans certaines relations, par exemple en ce qui concerne la neutralité sur mer.

La Grande-Bretagne, la France, les Etats-Unis d'Amérique, bien qu'adoptant, au XIXe siècle, en règle générale la limite de trois milles, ont conservé, en ce qui concerne la surveillance douanière et sanitaire, le régime particulier

(1) Traité de 1839, art. 9. Convention de 1882, art. 2.

qui lui était appliqué par ces puissances au XVIIIe siècle. Leur exemple a été suivi par plusieurs Etats, notamment par la Russie : une loi russe du 10 décembre 1909 a étendu la zone douanière jusqu'à douze milles (1). D'autres Etats ont reporté l'ancienne limite douanière à la distance, plus grande, qui est observée d'ordinaire : c'est, par exemple, le cas de la Suède (un *mil*) (2).

En Espagne, la jurisprudence au sujet de la mer territoriale s'est développée d'une manière particulière. C'est au régime adapté originairement à la surveillance douanière qu'on a emprunté les règles en vigueur actuellement sur la pêche et sur la juridiction civile et criminelle. Une ordonnance de 1802 relative à l'inscription maritime (*ordenanza de matriculas*) a réservé la pêche côtière en Espagne à la population côtière. Ensuite, sans qu'aucune disposition spéciale soit intervenue, la règle de la limite de deux lieues (six milles), en usage depuis 1760 en matière de douanes, a été étendue à la pêche côtière (3). D'autre part, la règle des trois milles paraît être celle que la jurisprudence espagnole suit en matière de neutralité. En Portugal, la limite de six milles en matière de pêche, adoptée à l'exemple de l'Espagne, a été abandonnée sur les protestations de la Grande-Bretagne (4). De même, les républiques espagnoles de l'Amérique du Sud s'approprient des zones de pêche, particulièrement à l'embouchure de leurs grands fleuves, qui excèdent en largeur les limites généralement reconnues en Europe (5).

(1) Des Etats qui, tout en adhérant à la limite générale de trois milles, donnent une étendue plus large à la zone douanière (et sanitaire), sont : Mexique (trois lieues), Italie (dix kilomètres), Autriche (quatre lieues), Canada (trois lieues), Chili (quatre lieues).

(2) Voir Blomberg, p. 47, note 1.

(3) Riquelme, I, p. 211 ; Fulton, p. 664-668.

(4) *Ibid.*, p. 668.

(5) *Ibid.*, p. 661-663.

Dans la monarchie dano-norvégienne, la limite générale d'un *mil* a été au commencement du XIXe siècle consacrée par plusieurs dispositions relatives au jugement des prises maritimes (1). Après la dissolution de l'union dano-norvégienne en 1814, la législation norvégienne a confirmé cette règle par rapport aux pêcheries, aux douanes, etc. (2). La législation suédoise a, à son tour, adopté la limite d'un mil pour déterminer la zone côtière réservée aux pêcheurs nationaux (3). La limite d'un mil a été conservée pour les côtes danoises qui ne sont pas comprises dans les termes de la convention internationale de 1882 relative à la pêche dans la Mer du Nord (4). Cette limite est, en effet, la limite générale en Danemark en dehors des cas où un autre régime a été expressément stipulé (5).

J'ai dit que la limite de trois milles était, en plusieurs pays, la limite générale aussi bien en matière de juridiction civile et criminelle. Pour ce qui concerne la juridiction criminelle, plusieurs législations pénales ont, au XIXe siècle, déclaré expressément jusqu'à quelle mesure leurs dispositions s'exerceraient sur le territoire maritime de l'Etat. En Angleterre, la zone juridictionnelle en matière criminelle a été fixée à la distance d'une lieue de la côte par le *Territorial Waters Jurisdiction Act* de 1878 (41 et 42 Vict., chap. 13) (6). Quant à la juridiction civile, c'est à la jurisprudence plutôt qu'à la législation qu'est due la règle introduite au XIXe siècle, à savoir que les lois civiles d un pays doivent être appliquées à moins que le contraire ne résulte des termes em-

(1) Ræstad, p. 333, 339 et suiv. Le *mil* (lieue géographique) est de 7.420 mètres environ.

(2) *Ibid.*, p. 346 et suiv.

(3) Par un décret du 5 mai 1871 ; *ibid.*, p. 358.

(4) Voir la convention de pêche conclue entre le Danemark et la Suède le 14 juillet 1899 ; Fulton, p. 655.

(5) Matzen, I, p. 36.

(6) Fulton, p. 590-593.

ployés, comparés aux circonstances de fait, jusqu'à la limite générale des eaux territoriales. C'est ainsi qu'un mariage célébré ou un contrat conclu selon les formes voulues par la législation d'un pays à bord d'un navire se trouvant dans les eaux territoriales de ce pays est réputé valable comme s'il avait été conclu sur la terre ferme. Si un acte dommagable à une tierce personne est accompli dans les limites de la mer territoriale d'un pays, l'action en dommages et intérêts qui en résulte relève des tribunaux du pays côtier. Quand il s'agit de contrats ou de quasi-contrats rentrant dans le domaine du droit purement privé, il faut, bien entendu, s'en tenir aux intentions des parties quant aux formalités observées. Et la juridiction civile et criminelle de l'Etat subit, sur mer, les restrictions qui résultent soit de l'exterritorialité partielle accordée par les usages des nations, par les traités et par les législations particulières, aux navires marchands étrangers, soit de l'exterritorialité beaucoup plus complète reconnue aux navires de guerre étrangers (1).

Ce n'est, qu'au XIXe siècle que s'est réalisé le rêve des jurisconsultes italiens voulant attribuer au pays côtier la juridiction civile et criminelle sur une portion déterminée de la mer. A mon avis, cette conception nouvelle de la mer territoriale constitue le plus grand progrès fait en cette matière dans les temps modernes. Les idées sur la mer territoriale s'en trouvent profondément modifiées. Aussi la neutralité des eaux territoriales dans le sens où elle est comprise aujourd'hui, remonte-t-elle beaucoup plus à la reconnaissance de cette juridiction exclusive qu'à l'ancienne neutralité des eaux côtières en matière de prises maritimes.

Il est très difficile de déterminer quelle a été l'influence

(1) Voir les règles adoptées par l'*Institut de droit international* en 1894, art. 6 et 9.

exercée sur la jurisprudence par la doctrine européenne et américaine relative à la mer territoriale au XIXe siècle. D'abord, l'influence des auteurs s'est nécessairement trouvée diminuée du fait qu'ils ont émis des opinions fort divergentes, tant sur l'étendue de la mer territoriale que sur les compétences relatives de l'Etat riverain. Dans la question de l'étendue de la mer territoriale, les uns, suivant en cela l'enseignement de Bynkershoek, ont maintenu que la portée réelle des canons devait être la limite générale ; d'autres ont adhéré à la limite de trois milles, adoptée dans la pratique, le plus souvent en y voyant l'équivalent reconnu de la portée du canon. Les partisans de la limite de trois milles ont été particulièrement nombreux parmi les jurisconsultes anglais et américains. D'autres encore ont recommandé la limite du rayon visuel (1). Mais en tous cas, ou ils ont subi l'influence de la pratique dominante, ou ils ont échoué quand ils ont voulu réagir contre elle. Ils se sont presque tous séparés de la pratique en n'admettant qu'une règle unique pour la détermination de la limite de la mer territoriale, en répudiant l'usage des limites spéciales existant en certaines matières ou en certains pays. Ceux qui se sont occupés des dispositions relatives à la surveillance douanière et sanitaire les ont reléguées hors du domaine de la mer territoriale, les considérant, en quelque sorte, comme des exceptions à la règle générale à peine tolérées par les usages des nations (2).Les divergences ont été tout aussi profondes, quoique plus masquées, lorsqu'il a été question des compétences de l'Etat riverain. Les uns ont attribué à cet Etat la pleine propriété de la mer territoriale, à peu près dans les mêmes termes que Selden et Bynkershoek ; les autres ont tâché de réduire ses compétences

(1) Voir, au sujet des auteurs du XIXe siècle, les résumés donnés par Fulton, p. 595 et suiv., 682 et suiv.

(2) Par exemple Oppenheim, I, p. 245-246.

à une espèce de juridiction exclusive, s'inspirant des distinctions formulées à ce sujet par Grotius et nombre d'auteurs qui l'ont suivi (1). Un compromis s'imposait, les droits actuellement exercés ne correspondant ni à l'une ni à l'autre conception. Alors, le terme souveraineté a été préféré. Ici encore, la doctrine a voulu rendre service à la pratique, en créant un terme qui pût résumer la notion courante de la situation spéciale occupée par l'Etat vis-à-vis de son territoire maritime.

La doctrine du XIXe siècle, fidèle à la tradition des siècles précédents, a réservé une situation à part aux baies, dérogeant en leur faveur aux règles ordinaires de la mer territoriale, et cela aussi bien à l'égard de l'étendue, — des baies outrepassant de beaucoup la limite de trois milles étant assimilées au territoire de l'Etat, — qu'à l'égard des droits de l'Etat côtier. A ce dernier point de vue, la doctrine n'était pas en plein accord avec la pratique, celle-ci tendant, comme nous l'avons vu, vers une consolidation des droits sur la mer territoriale et effaçant, de plus en plus, la différence, très réelle autrefois, entre le régime légal des baies et celui des autres parties de la mer appropriée. Quant à l'étendue des baies territoriales, la pratique, telle qu'elle s'est affirmée dans les conventions de pêche, a dégagé une tendance marquée vers la limitation des prétentions quelquefois exagérées à l'empire des baies. Mais la limitation arbitraire introduite par lesdites conventions — la ligne de dix milles — n'a pas réussi à anéantir la territorialité des baies appelées historiques. C'est ainsi que les grandes baies des Etats-Unis d'Amérique sont censées faire partie du territoire américain en matière de neutralité et de pêche (2); que les baies du Canada et de la Norvège dans

(1) Voir les résumés des opinions d'auteurs donnés par Merveilleux Duvigneaux, p. 14 et suiv. ; Visser, p. 55 et suiv. ; et De Lapradelle, *Revue générale de droit international public*, 1898.

(2) Concernant les baies de Delaware et de Chesapeake, voir *North Atlantic Fisheries arbitration*, *passim*.

les habitants de chacun de ces pays ont seuls l'exercice de la pêche (1) ; que l'ancienne législation relative aux King's Chambers est encore aujourd'hui maintenue par les autorités légales de la Grande-Bretagne (2).

Parmi les auteurs du XIXᵉ siècle, il n'en a pas manqué qui ont reproché au régime contemporain, en ce qui concerne l'étendue de la mer territoriale, de n'être pas adapté aux besoins du temps. Ils ont insisté sur la nécessité d'un élargissement de la zone territoriale. Leurs motifs sont différents ; mais le plus souvent, c'est le besoin d'étendre la zone réservée aux pêcheurs nationaux qui leur a dicté leur avis. A peine introduite, la limite de trois milles a paru insuffisante à la population des côtes dans plusieurs pays, notamment en Angleterre et en Ecosse. En Norvège, les pêcheurs ont formulé des plaintes sur l'insuffisance de la limite d'un *mil*. Quoi qu'il en soit, les gouvernements des puissances qui ont, jadis, fait adopter la limite de trois milles en matière de pêche, n'ont jusqu'à présent montré aucune tendance à élargir la zone réservée. Cela se comprend parce que les intérêts de ces pays souffriraient beaucoup plus d'une extension de la zone réservée en d'autres pays, qu'ils ne souffrent par les empiètement des pêcheurs étrangers sur les places de pêche situées près de leurs côtes La proposition faite en 1894 par l'Institut de droit international, d'étendre la limite ordinaire de la mer territoriale jusqu'à six milles a dès lors, précisément parce qu'elle frappe les intérêts des grandes puissances, peu de chances d'aboutir, du moins pour le moment. Les propositions tendant à permettre aux Etats neutres d'étendre, en temps de guerre, la zone de leur neutralité en dehors de la limite ordinaire

(1) Pour les baies du Canada, voir le même arbitrage ; pour les fjords de Norvège (Vestfjord, Varangerfjord), voir Ræstad, p. 350 et suiv. ; Fulton, p. 672 et suiv.

(2) Voir les déclarations de sir William Robson, *Oral Argument*, p. 1104-1105.

de trois milles, se sont, d'autre part, heurtées jusqu'à présent aux intérêts des grands Etats maritimes. Un changement est toutefois peut-être à prévoir, dans cet ordre d'idées, par suite d'un décret français du 18 octobre 1912, portant que, pour l'application des règles de la convention internationale sur la guerre maritime en date du 18 octobre 1907, les eaux territoriales françaises s'étendent jusqu'à six milles (11.111 mètres) au large de la baisse de la basse mer le long de toutes les côtes et des bancs découvrant qui en dépendent (1).

(1) Les limites des eaux françaises en matière de neutralité, qui étaient, au XVIIIe siècle, de deux lieues (six milles) ; au commencement du XIXe siècle : de deux lieues, ou la portée du canon. L'étendue des eaux neutres qui devaient être respectées par les commandants des navires français était fixée, par des instructions données à cet effet, à la portée de canon en 1870 et à trois milles en 1901. Il ne faut pas voir dans les six milles du dernier décret un nouvel équivalent de la portée du canon.

X

COUP D'ŒIL RÉTROSPECTIF

En reportant notre regard sur les étapes multiples de l'évolution esquissée dans les pages précédentes, nous sommes frappés par la continuelle transformation des idées et des institutions relatives à la mer territoriale. Une conclusion s'en dégage nettement : c'est qu'au point de vue historique, la territorialité de la mer et celle de la terre sont tout à fait distinctes. Au fond, l'agglomération en un territoire d'Etat de certaines parties de la terre habitée n'a pas d'équivalence dans l'histoire de la mer territoriale. La mer n'a jamais été habitée. L'équipage d'un navire-phare ne subsiste que grâce à la communication entretenue avec la terre. C'est parce qu'ils habitent la terre que les hommes se sont créé des droits individuels ou collectifs, droits de propriété ou d'usufruit, à l'égard de la terre. Ces droits, c'est par la formation de l'Etat qu'ils reçoivent en même temps leur sanction et leur protection. Un Etat ne se conçoit pas sans un territoire terrestre. Il se conçoit très bien sans un territoire maritime.

L'existence du territoire terrestre d'un Etat présuppose ainsi la préexistence de droits individuels ou collectifs par rapport à l'usage de ce territoire. Il est, en outre, nécessairement délimité vis-à-vis d'autres Etats par des frontières plus ou moins exactement établies. Au moment où l'Etat se forme, les droits existent, les frontières aussi ; l'Etat est une qualité nouvelle de choses déjà existantes. Au contraire, le territoire maritime — nous l'avons vu — est une création de l'Etat déjà existant. Les droits individuels ou collectifs dont jouit à l'égard de la mer la population côtière sont à l'origine très restreints ; cela est vrai tant de leur nature que de l'espace où ils s'exercent. Tandis que les droits individuels ou collectifs à l'égard de la terre se traduisent naturellement par l'existence de l'institution légale qu'on appelle la propriété : propriété individuelle, propriété des communes ou de l'Etat, les droits à l'égard de la mer restent le plus souvent — exception faite des parties intérieures,et, suivant certains systèmes, de la partie la plus voisine du rivage — isolés ; ils s'appellent droit de pêche, droit de bris, droit de navigation, tout au plus droit d'usufruit, mais non pas droit de propriété (1). Et les frontières du territoire maritime n'existent pas avant l'intervention de l'Etat côtier ; elles sont établies par lui, avec le concours du droit international.

Les droits individuels à l'usage de la mer qui remontent à l'époque précédant l'établissement du territoire maritime, sont, d'abord, les droits du propriétaire d'un fonds contigu à la mer. Dans le droit norvégien, le propriétaire d'un tel fonds a eu, depuis les temps les plus reculés, la propriété de la partie la plus proche de la mer, jusqu'à la ligne où commencent les grandes profondeurs (*marbakken*). En Islande, le propriétaire riverain avait le droit exclusif de chasse et de pêche aussi loin qu'un filet de phoque haut de 20 mailles prenait le fond (c'est-à-dire jusqu'à une profondeur de quatre toises) (2). L'ancien droit anglais reconnut au propriétaire riverain l'usufruit exclusif des places près

(1) Certains auteurs, par exemple Angelus de Perusio, reconnaissent seulement le droit exclusif de possession (*Consilia*, n° 289 : *thema est tale*). — Cf. Cravetta, partie IV, chap. *materia*, § 83. Cravetta reconnaît l'acquisition (par voie de prescription) de droits spéciaux, tels que le droit de pêche, *eo modo quo in rebus alienis præscribitur ius servitutis*.

(2) Ræstad, p. 31-32.

de la côte où il avait l'habitude de mettre des engins de pêche fixes (1). Enfin, la célèbre novelle 56 de l'empereur Léon attribua aux propriétaires de fonds maritimes le droit exclusif de pêcher, toujours avec des engins fixes, jusqu'à une distance déterminée (190 aunes) de la côte. Dans tous ces cas, il s'agit, en réalité, exclusivement ou principalement, de l'avantage provenant de la possession d'une propriété maritime, de la pêche avec des engins fixes, la plus ancienne, peut-être, de toutes les méthodes de pêche. Quant aux droits collectifs remontant à la même époque éloignée, ils n'étaient pas considérables. Il faut y comprendre le droit exclusif de pêche, dont jouissaient, par exemple, certains temples et d'autres institutions publiques de l'antiquité ; mais cette pêche, comme celle des propriétaires maritimes, était exercée le plus souvent avec des engins fixes, et tout près de la côte. C'était le même cas pour les privilèges de pêche qui furent, au moyen-âge, octroyés à des couvents, à des églises ou à des seigneurs, ou qui furent usurpés à leur profit. Un régime exceptionnel fut celui de la côte norvégienne et des îles de la Mer du Nord peuplées par les Norvégiens. Là, les populations, dépendant pour leur subsistance des produits de la pêche, revendiquèrent pour elles-mêmes la possession exclusive de places de pêche situées assez loin dans la mer. Les pêcheurs avaient, pendant la saison, leurs établissements (*ver*) sur les îles les plus voisines des places de pêche fréquentées par eux. Les habitants des différentes parties de la côte, s'étant partagé les *ver* entre eux, une distribution correspondante des places de pêche s'en suivit d'elle-même. Mais les places de pêche qui faisaient ainsi partie du patrimoine des populations côtières n'occupaient qu'une portion bien restreinte de la vaste mer au large des côtes norvégiennes.

Ces places de pêche étaient bien délimitées, mais d'une

(1) Voir Moore, *passim*.

manière approximative et nécessairement arbitraire. C'était la faible profondeur de la mer qui attirait les essaims de poisson venant pour y jeter leur frai, et après le poisson, les pêcheurs. Les places de pêche, les bancs, se délimitaient donc, en réalité, d'après la configuration du fond de la mer ; mais, dans la pratique, grâce à l'expérience accumulée de nombreuses générations de pêcheurs, on les reconnaissait au moyen de points de repère sur terre (*mêd*). S'il y avait ainsi des frontières sur mer, ce n'étaient pas des frontières de mer territoriale. Découpées, les places de pêche ne formaient pas, même dans leur ensemble, un territoire d'Etat ; mais elles donnent un exemple des frontières naturelles existant en mer. A défaut d'élévation ou de dépression durables dans la surface même de la mer, c'est, en effet, la configuration du fond qui détermine les frontières naturelles de la mer.

L'histoire nous prouve que de telles frontières naturelles ont quelquefois été choisies pour délimiter la mer territoriale ; on peut citer comme exemples le banc dit Jydske Rev dans la Mer du Nord dont j'ai déjà fait mention, et la partie profonde dite Renden divisant, au XVIIIe siècle, dans le Skagerrak, les eaux territoriales de la Norvège et celles de la Suède (1). D'après un traité de délimitation du 21 juillet 1568, les bancs au large de Ditmarsken délimitaient les territoires maritimes attribués aux différentes divisions de ce pays (2). Dans le premier cas, celui du Jydske Rev, il s'agissait de la limite des eaux territoriales et de la mer libres ; dans les deux derniers cas, il s'agissait plus spécialement de la délimitation entre deux territoires maritimes. Parfois les auteurs ont qualifié de naturelles les frontières maritimes qui se déterminent à l'aide de lignes droites tirées entre les points extrêmes de la terre avoisinante, telles que les lignes tirées à travers certaines baies ; mais, dès le

(1) Ræstad, p. 399.

(2) Laursen, *Danmark-Norges Traktater*, tome 2.

début, le régime des baies a été distinct de celui de la mer territoriale proprement dite. Les courants superficiels de la mer auraient pu constituer des frontières naturelles s'ils avaient été plus constants et plus faciles à reconnaître ; leur nature étant ce qu'elle est, le fait que le Golfstream a été proposé comme limite des eaux territoriales américaines mérite seulement d'être mentionné à titre de curiosité.

Les frontières naturelles faisant ainsi défaut sur la mer sauf pour des étendues limitées de celle-ci, l'Etat côtier ne s'est pas trouvé en présence de parties de l'Océan destinées par la nature à être sous sa dépendance. A l'origine, les Etats côtiers avaient si peu de prise sur la mer voisine que cela contribua au succès de la législation romaine qui consacrait la liberté de la mer, facilita son introduction et lui assura une longue prédominance après la chute de l'Empire romain.

C'est sous la pression des nécessités de leur existence, en luttant entre eux pour conquérir leur place dans le monde, que les Etats se sont avisés de restreindre la liberté des mers. Dès l'antiquité, les Etats vainqueurs imposèrent aux vaincus de s'abstenir de toute navigation, pacifique ou armée, dans certaines parties de la mer. Les traités conclus à cet effet entre les Athéniens et les Perses, les Athéniens et les Lacédémoniens, les Romains et les Carthaginois, ouvrirent l'ère de l'occupation de la mer. Encore cette occupation était-elle valable seulement à l'égard des vaincus et était-elle, par les vicissitudes des conjonctures politiques, nécessairement instable. La stabilité — qualité inhérente, du moins en principe, à l'idée de territoire d'Etat — n'a apparu que lorsque les efforts des Etats se sont dirigés vers des ennemis dont l'infériorité relative était elle-même un facteur stable. C'est du moment où les Etats côtiers, pour se protéger contre les pirates infestant leurs côtes, firent de leur service de protection un régime de droit, que date le premier établissement d'un territoire maritime. S'étant chargé de maintenir l'ordre et la sécurité publique sur terre, l'Etat se tourna, pour compléter son œuvre, du côté de la mer. Indigènes ou étrangers, les pirates déjouaient sur mer les efforts de l'Etat. Il était naturel et commode — comme l'exposèrent les auteurs — que l'Etat le plus voisin se chargeât de la juridiction sur mer. Mais aussitôt qu'il fallut déterminer l'étendue dans l'espace de cette juridiction maritime, les dissentiments se produisirent. Dans les pays qui avaient fait partie de l'ancien Empire romain, surtout en Italie, la question légale et juridique prima celle de souveraineté. La partie de la mer soumise à la juridiction de l'Etat côtier faisait tout d'abord partie de la circonscription de ses autorités judiciaires ; c'est avec hésitation que les jurisconsultes italiens se décidèrent à lui appliquer l'appellation de territoire. La limite de cent milles fut, avant tout, une limite de juridiction. D'autre part, dans les pays de l'Europe occidentale et septentrionale, la question de souveraineté fut envisagée dès l'origine à côté de la question de juridiction. Ainsi, la limite de la ligne médiane se rapportait tout aussi bien aux droits régaliens qu'à l'exercice de la juridiction. La question des parts qui revenaient au souverain dans les trouvailles et les successions était dans ces systèmes plus importante que celle de la punition des malfaiteurs. Ce fait s'explique, du moins en partie, par le fait que les rois et les autorités gouvernementales jouaient dans l'administration de la justice en pays germanique un rôle qui était inconnu dans les cités républicaines de l'Italie et même dans les royaumes de l'Europe méridionale. La ligne médiane tombant en désuétude, la limite qui la remplaça, celle du rayon visuel, se rattachait encore à l'idée de souveraineté : la souveraineté d'un pays étendait son effet en mer aussi loin qu'on en pouvait, de la mer, voir le littoral.

L'état d'anarchie sur mer, c'est-à-dire la piraterie, fut

partout la raison concluante de l'établissement d'une mer territoriale. A l'époque primitive, toutes les questions de la mer territoriale se confondirent dans la question du maintien de l'ordre. Ainsi les premières infractions au droit exclusif de pêche réclamé par les populations d'origine norvégienne, furent commises par des gens dont le métier était plutôt la piraterie que la pêche. Agissant à leurs propres risques, désavoués par leur gouvernement, les pêcheurs anglais qui visitèrent les eaux norvégiennes et islandaises aux XIVe et XVe siècles, se comportèrent en pirates et furent traités de même. Lorsque, plus tard, les gouvernements étrangers soutinrent la cause de leurs pêcheurs venant sur les côtes norvégiennes, alors seulement la question de la zone réservée aux pêcheurs nationaux put surgir et entraîner, en fin de compte, l'établissement d'une mer territoriale en matière de pêche.

Les fonctions exercées sur mer par l'Etat côtier ont été d'abord très restreintes. Il aurait pu les étendre progressivement, en des cercles toujours plus grands autour du noyau formé par la juridiction maritime en matière criminelle, si les conditions où allait se trouver la navigation internationale au moyen-âge n'y avait pas opposé des obstacles insurmontables. La navigation tomba dans les mains des villes maritimes ; elle fut exploitée, dans l'Europe occidentale et septentrionale, par la Hanse, dans l'Europe méridionale par les villes italiennes, par Venise et Gênes. Les codes maritimes internationaux, Consulato del Mare, Rooles d'Oléron, loi de Visby, se substituèrent partout à la législation nationale. Les Etats côtiers perdaient de plus en plus la juridiction civile et criminelle à l'égard des contrats conclus et des faits qui avaient lieu à bord des navires marchands : ceux-ci étaient placés sous le commandement presque absolu du maître, qui, à son tour, relevait des autorités de la ville d'armement. Certains Etats, la Savoie par exemple, cherchaient à se rattraper en prélevant des impôts sur la navigation. Sans grand succès, il est vrai, parce que l'hostilité des puissances maritimes forçait les Etats côtiers à abroger les taxes qui frappaient les navires passant près de la côte sans faire escale dans un port.

Toutefois, certains Etats échappèrent, du moins pour quelque temps, à la règle générale. Ce n'est pas qu'élargissant leurs compétences sur mer, ils ont continué de les exercer dans les limites ordinaires de la mer territoriale. Les difficultés internationales qu'un tel procédé n'aurait pas manqué de soulever auraient été peu proportionnées au maigre profit qui pouvait en résulter. Suivant une politique plus réaliste, ils s'approprièrent de vastes parties de la mer, sortant ainsi du régime ordinaire de la mer territoriale, tant par l'étendue de l'espace de mer occupé que par la nature des attributions qu'ils y exerçaient. Du reste, si différents qu'étaient les intérêts poursuivis par Venise, Gênes, le Portugal, l'Espagne, la Norvège, le système légal établi par ces puissances à l'égard des mers occupées était à peu près le même. Il équivalait à un droit exclusif d'usage et de juridiction. Cet état de choses anormal pouvait durer aussi longtemps que les puissances en question avaient la force matérielle de le maintenir, ou que l'espace de mer approprié était, de fait, peu fréquenté par les marins étrangers. Quand ces systèmes exceptionnels tombèrent en discrédit, l'internationalité de la navigation s'affirma de nouveau sur tous les points du globe.

Les règles créées d'abord pour la répression de la piraterie furent en partie usitées plus tard à l'égard des corsaires nombreux depuis le XVIe siècle. L'Etat, se chargeant de protéger jusqu'à une certaine distance de la terre la navigation pacifique contre les pirates, simples criminels, était maintenant appelé à la protéger contre les excès des corsaires, agents autorisés par leurs gouvernements à faire la guerre au commerce ennemi. Par suite de cette autorisation l'Etat neutre était obligé de les traiter avec ménagement; souvent il leur laissa leur pleine liberté d'action dans la mer territoriale. Mais les corsaires, forts de cette situation privilégiée, poussaient parfois l'audace jusqu'à attaquer les navires marchands ennemis dans les ports neutres. La nécessité de prémunir les ports contre ces entreprises se fit de plus en plus sentir. Les ports qui n'étaient pas fortifiés d'une manière plus efficace furent munis de batteries permettant aux autorités de repousser les attaques des corsaires. Alors se forma cette règle bien connue du XVIIe et du XVIIIe siècle qu'aucun navire marchand ne devait être pris sous les canons d'une forteresse. Quant aux ports non fortifiés, les captures y étaient interdites, mais, pourvu qu'il n'existât pas un régime de neutralité plus étendu, seulement dans le bassin même du port. En tous cas, les captures effectuées sous les canons d'une forteresse ou dans un port étaient jugées plus sévèrement que les captures faites ailleurs près des côtes neutres. Les règles adoptées pour les ports fortifiés, pour la visite des bâtiments neutres, etc., préparèrent l'avènement, au XVIIIe siècle, de la portée du canon comme limite des eaux fermées aux entreprises des corsaires et, en général, aux prises maritimes.

A cette époque, les prétentions que les puissances septentrionales avaient émises, plus ou moins vaguement, à la souveraineté de la mer jusqu'à la ligne médiane, avaient disparu ; il n'était pas non plus question de l'occupation à titre exclusif de grands espaces de mer. A son tour, le régime créé pour la répression des crimes sur mer disparut, remplacé par un régime ayant pour but le contrôle des prises maritimes, et, plus généralement, la protection, dans l'intérêt de l'Etat côtier, de la navigation pacifique en temps de guerre. Apparemment, la nouvelle jurisprudence relative aux prises maritimes était beaucoup moins capable d'extension et d'épanouissement que ne l'avait été l'ancienne doctrine de la juridiction criminelle sur mer. Cependant, l'évolution de tous les métiers de la mer favorisa un développement ultérieur des idées sur la mer territoriale. En temps, la même doctrine des XVIIe et XVIIIe siècles, s'inspirant des prétentions nationales à la domination politique des mers, influençait les esprits en semant la notion de l'occupabilité de la mer.

Les services douaniers et sanitaires se développèrent au point de réclamer l'établissement, en leur faveur, d'une zone sur mer. L'ancienne liberté de la pêche, qui n'avait jamais été reconnue dans les pays les plus septentrionaux de l'Europe, la Norvège et l'Ecosse, perdait du terrain dans l'opinion publique ; des mesures restrictives furent prises à l'égard des pêcheurs étrangers, et aboutirent petit à petit à leur exclusion d'abord de certaines pêcheries, ensuite de toute pêche en deçà de zones diversement définies. Les systèmes exceptionnels établis dans les colonies d'outre-mer prirent de l'influence à mesure que les colonies elles-mêmes gagnèrent de l'importance ; et la reconnaissance de l'indépendance des anciennes colonies britanniques dans l'Amérique du Nord, les Etats-Unis, assurèrent la vitalité de ces systèmes. Zones de pêche, zones de surveillance douanière et sanitaire, zone de neutralité, tout contribua à la consolidation des attributions de souveraineté exercées par l'Etat sur la mer côtière. De ces différentes zones, la zone de neutralité, étant la moins étendue, devait déterminer la limite dans l'espace de la nouvelle souveraineté maritime. Elle le devait d'autant plus que la question de la mer territoriale s'était trouvée, depuis le XVIIe siècle, sous l'empire des idées belliqueuses. Les anciens systèmes, la ligne médiane, la limite de cent milles, même la limite du rayon visuel, reposaient, pour ainsi dire, sur l'état de paix ; ils rentraient, le plus souvent, dans le cadre du droit civil ou criminel. La portée du canon, limite des eaux neutres, était, par contre, sortie de l'état de guerre ; elle reposait sur le besoin d'éloigner les ravages de la guerre des côtes neutres. Donc, on s'était accoutumé à considérer la mer territoriale comme une fonction de l'état de guerre, et à voir l'exercice de la souveraineté dans celui de la neutralité.

Du reste, la limite ordinaire des eaux neutres avait l'avantage de définir l'étendue de la mer territoriale par une formule simple et d'apparence naturelle. La portée du canon avait été convertie en une lieue, soit trois milles marins. C'était l'unité nautique dont les marins se servirent presque exclusivement à la fin du XVIIIe siècle. La puissance du besoin de simplification se mesure par les nombreux exemples qu'en offre l'histoire de la mer territoriale. Le kenning, le mil, unités nautiques au même titre que la lieue, étaient, ou avaient été, en Ecosse, en Norvège, en Danemark et en Suède, la mesure de la mer territoriale. En l'absence de frontières naturelles, la mer territoriale devait du moins être calculée d'une manière intelligible pour tout le monde. La simplicité même de la mesure employée constituait une raison en sa faveur.

Au cours du XIXe siècle, l'état de paix est devenu de nouveau l'état ordinaire sur mer; et la question de la mer territoriale a dévié maintenant vers les problèmes de la pêche. Au moment d'être appliqué à la zone réservée aux pêcheurs nationaux, la limite de trois milles a subi des modifications tirées de la nature de la pêche. La limite du territoire maritime fut dès lors calculée à partir de la basse mer, tandis que la zone de neutralité, sous l'impression de l'analogie des ports fortifiés, était calculée, ou devait l'être, à partir de la terre ferme. Comme la jurisprudence est toujours soumise à l'impulsion qui est à un moment donné la plus forte, la mer territoriale, prenant le caractère d'un vrai territoire relevant de l'Etat souverain dans tous les cas non exceptés, se mesure aujourd'hui, en règle générale, conformément à la méthode suivie dans les conventions de pêche.

XI

LA THÉORIE DE LA PORTÉE DU CANON : CRITIQUE DE CETTE THÉORIE (1)

Introduite dans la littérature du droit international par Cornelis van Bynkershoek, répétée depuis le milieu du XVIIIe siècle par la grande majorité des auteurs, la formule de la portée du canon a fini par être regardée à peu près comme un axiome. De nos jours, les auteurs, à peu d'exceptions près, voient encore dans la portée du canon la base véritable du calcul de la limite de la mer territoriale. Pour appuyer leur thèse, ils emploient toujours, avec quelques additions ou corrections, les arguments de Bynkershoek. Ils affirment d'abord que la souveraineté dépendant, pour son exercice, de la force matérielle qui est à la disposition du souverain ne saurait être reconnue que dans la mesure où elle est appuyée par la force ; or, la force que l'Etat riverain peut, d'une manière constante, exercer sur la mer voisine, c'est la force des canons placés sur le rivage. Aussi loin que portent les canons, aussi loin s'étend la souveraineté maritime de l'Etat côtier. Bynkershoek déclarait attribuer les mêmes droits aux pays armés et à ceux qui ne l'étaient pas : de même, les auteurs modernes se hâtent d'ajouter qu'il faut regarder la force des canons

(1) M. de Lapradelle a déjà fait, avec beaucoup de vigueur, la critique de cette théorie (*Revue générale de droit international public*, 1898, p. 264 et 309). Bien que nos conclusions soient à plusieurs points de vue identiques, j'ai cru qu'en raison de la différence des voies par lesquelles nous y arrivons, je devais développer de nouveau la question.

comme la mesure idéale de la souveraineté de l'Etat côtier sur mer, et que la portée des canons est la vraie limite de la mer territoriale même s'il n'y a pas de canons placés sur le rivage. Certains auteurs, tenant compte de la manière de calculer le territoire maritime qui a été adoptée dans les conventions de pêche, et qui consiste à mesurer les trois milles à partir de la basse mer, sont d'avis qu'il faut attribuer à la mer territoriale l'étendue correspondant à la distance où un navire ennemi parviendra à frapper par ses boulets la terre laissée à découvert par la marée basse. C'est de cette manière seulement qu'on pourra soutenir, en restant dans la théorie de la portée du canon, le calcul des conventions de pêche partant de la basse marée : évidemment, la souveraineté de l'Etat côtier ne saurait être maintenue d'une manière constante par des canons placés sur le terrain entre les deux marées. En face des limites spécifiques aujourd'hui adoptées par les Etats, les auteurs ont des attitudes différentes. Les uns sont d'avis que la limite de la portée du canon est, malgré tout, la limite du droit des gens, et que les Etats pourraient, s'ils voulaient, et même devraient adopter, en dehors des relations réglées par des conventions internationales, la limite de la portée réelle des canons d'aujourd'hui. Les autres se bornent à dire que les nations ayant, par un accord presque unanime, substitué la limite de trois milles à celle de la portée du canon, il faut, en attendant mieux, regarder la limite de trois milles, équivalent de la portée du canon, comme la limite du droit des gens.

Qu'est-ce que le territoire maritime et la souveraineté que l'Etat riverain y exerce ? J'ai démontré, dans le chapitre précédent, que le territoire maritime et le territoire terrestre d'un même Etat se sont constitués, par la force des choses, de deux manières différentes, et que la souveraineté exercée par l'Etat côtier sur le territoire maritime diffère de celle exercée par le même Etat sur le territoire terrestre. La mer territoriale est, comme il a été dit, une dépendance de l'Etat côtier, un accessoire de son territoire terrestre. Elle est nécessairement un accessoire en ce sens que les hommes, ne pouvant pas habiter la mer, exercent leurs droits sur la mer à partir de la terre. Sur mer, les hommes ne peuvent être que des nomades. Mais la mer n'est pas un accessoire nécessaire de la terre en ce sens que tout Etat maritime doit nécessairement avoir un territoire maritime. L'histoire nous apprend que c'est par une évolution lente et tardive que les Etats ont affirmé leurs droits sur mer. Et c'est par une consolidation des droits ainsi acquis. consolidation qui est vieille d'un siècle seulement, que les Etats ont abouti à cette souveraineté maritime dont ils se targuent aujourd'hui. Au point de vue historique, la mer territoriale n'est pas sortie d'une occupation de la mer, mais des occupations successives de certains droits sur mer, réunis plus tard en un faisceau qu'on est convenu d'appeler souveraineté.

J'espère plus spécialement avoir démontré que la limite généralement adoptée pour déterminer l'étendue des eaux territoriales est celle des trois milles, mesure indépendante, et non pas celle de la portée du canon, convertie en trois milles. Mais admettons, à titre d'argument, que la limite des trois milles soit l'équivalent pur et simple de la portée du canon. Est-il bien sûr que la limite de la portée du canon, connue de la jurisprudence des siècles précédents, provenait de l'idée susdite, à savoir que l'empire de la puissance riveraine s'étend aussi loin qu'il peut être maintenu du rivage? Quelles ont été, en d'autres termes, les considérations qui ont fait adopter la portée du canon comme limite des eaux neutres?

Aux XVIIe et XVIIIe siècles, ce n'était pas la question de la sécurité des côtes qui était surtout envisagée. Bien entendu, une bataille navale livrée à une faible distance des côtes pouvait avoir des inconvénients pour les hommes et les choses se trouvant à terre (1). Mais il faut se rappeler qu'il s'agissait, jusqu'à la fin du XVIIIe siècle, principalement de la capture de navires marchands effectuée par des corsaires, capture qui ne pouvait pas entraîner de bataille navale dans le vrai sens du mot. En soutenant la neutralité de ses eaux territoriales, l'Etat côtier visait la protection du commerce maritime. Pour la détermination des limites des eaux neutres, il était donc de la plus haute importance — comme le fit ressortir l'auteur espagnol d'Abreu — de savoir jusqu'à quelle distance de la côte s'étendait la navigation neutre. Une limite qui fut très souvent appliquée aux XVIIe et XVIIIe siècles est la limite de la vue. Et non sans raison. Le fait qu'un navire s'approchait d'une terre jusqu'à en avoir la côte en vue faisait présumer que le navire voulait aborder cette terre. Mais la limite de la vue, en étendant beaucoup les eaux territoriales, était gênante pour les puissances belligérantes qui, à cette époque, s'efforçaient avant tout de détruire le commerce ennemi. Il fallut chercher une mesure qui fût plus adaptée aux intérêts des Etats belligérants en même temps qu'elle ne lésait pas trop les intérêts des neutres. La mesure de la portée du canon était là, mesure connue des marins et qui avait même de très bonne heure été employée pour désigner soit l'étendue de la protection offerte par les ports fortifiés, soit la distance respectueuse qu'un navire armé étranger était tenu d'observer en s'approchant d'une forteresse ou bien d'un navire marchand sujet à la visite. On aurait pu, cela va de soi, se servir des unités de mesure ordinaires, des lieues ou des milles. Mais les termes de lieue et de mille, n'ayant pas la même signification en deux pays différents, ne pouvaient pas sans inconvénients être employés dans des règles d'une application internationale. Puis, la mesure de la portée du canon se recommandait par un motif d'apparence philosophique.

(1) Un exemple en est offert par le contre-manifeste des Etats généraux à l'occasion de la déclaration de guerre du 12 mars 1781 (Rayneval, *De la liberté des mers*, II, p. 250).

Elle épargnait aux Etats qui la professaient la fâcheuse nécessité de marchander avec les nations qui soutenaient des limites plus larges. Offrir la portée du canon au lieu de quatre lieues, c'était bien mieux que d'offrir une pauvre lieue, et en fait, c'était la même chose (1). D'autre part, il est impossible de savoir au juste si l'on s'est figuré, au temps de M. de Martangis ou des premiers traités anglo-barbaresques, ce coup de canon servant, par abstraction, à délimiter les eaux neutres, comme procédant de la terre vers la mer ou de la mer vers la terre. Plus tard, il est vrai, la terminologie des traités et des déclarations de neutralité, se conformant à la doctrine régnante, ont désigné la terre comme le point de départ du coup de canon imaginé.

Mais, si l'on a fini par calculer la portée du canon à partir de la terre, c'était par pure convention. Le respect de la côte, dont parla de Martangis, n'a jamais été maintenu de la terre par des canons placés sur le rivage. Il a été maintenu par des garde-côtes, par des navires de guerre, de même que le respect de la limite territoriale en matière de douanes et de règlements sanitaires est imposé par des bateaux croiseurs. Les fortifications qui se trouvent au bord de la mer en certains pays n'ont pas été destinées au maintien de la neutralité sur mer ; leur destination a été d'empêcher des débarquements, des attaques provenant du côté de la mer. Appelées à entrer en fonctions lorsque l'Etat côtier est lui-même impliqué dans une guerre, elles n'ont aucune relation avec le maintien de la neutralité sur mer. De plus, on n'est pas en état, sur terre, de procéder aux examens et aux sommations qui doivent précéder toute répression d'une infraction supposée du respect de la côte.

L'analogie de la protection offerte par les ports fortifiés a

(1) Voir l'incident dano-néerlandais au sujet de la pêche d'Islande, p. 117.

certes, au XVIIIe siècle, contribué puissamment à faire adopter la portée du canon comme limite des eaux neutres le long des côtes non fortifiées. Mais, acceptée par analogie, cette limite n'a pas davantage le caractère qui lui est attribué par la doctrine. Quant aux limites de la zone réservée aux pêcheurs nationaux ou de la surveillance douanière et sanitaire, elles sont plus éloignées encore du prototype constitué par les ports fortifiés.

S'il faut ainsi écarter, comme fausse au point de vue historique, la théorie d'une soi-disant occupation originaire, au moyen des canons du rivage, de la mer côtière ou des droits que l'Etat côtier y exerce, on pouvait peut-être, s'appuyant sur certaines indications de l'histoire, maintenir que la limite de la portée du canon appliquée à la neutralité des eaux côtières représente une transaction entre les intérêts opposés de l'Etat belligérant et de l'Etat côtier neutre : les belligérants, désireux d'éviter la mise en application de limites de neutralité plus étendues, se résignent à ne poursuivre le commerce maritime ennemi qu'en dehors de la portée du canon de la côte. La doctrine, ainsi formulée, s'approcherait davantage de la vérité historique. Mais, elle ne donnerait plus aucun renseignement sur la génèse de la notion de la mer territoriale en général. Que les navires armés s'abstiennent, pour des motifs spéciaux, de capturer les navires ennemis jusqu'à la portée du canon de la côte, cela n'explique ni que les pêcheurs étrangers soient empêchés d'exercer leur industrie près de la côte, ni que les navires marchands soient soumis, en s'approchant de la côte, à la surveillance douanière et sanitaire de l'Etat riverain côtier. Les raisons qui ont fait adopter la portée du canon comme limite des eaux neutres, raisons non fondées sur une occupation de la mer territoriale ou des droits y exercés, mais sur le respect de la côte proprement dite, respect imposé ou volontairement observé, ne sauraient être appliquées pour déterminer les limites des eaux territoriales à d'autres égards que celui de la neutralité. Si la portée du canon, ainsi introduite, a été ensuite adoptée, par exemple, pour définir la zone réservée aux pêcheurs nationaux, c'est, encore une fois, par analogie.

Il ne reste donc qu'une dernière alternative, gardant à la portée du canon le rôle qui lui est assigné par la doctrine, c'est que les Etats maritimes auraient, par leur accord, attribué à la portée du canon le caractère général d'une limite générale de la mer territoriale. Mais, alors, on serait en présence du choix d'une mesure arbitraire ; et il s'agirait non pas de connaître la portée réelle des canons, mais de déterminer le sens qui était attribué à la limite de la portée du canon au moment où l'accord serait intervenu. En vérité, il n'entrait certainement pas dans la pensée des hommes politiques qui firent rédiger les textes du XVIIIe siècle que la limite de la portée du canon devait s'étendre à mesure que la technique parvenait à augmenter l'efficacité du tir des canons. Mais les nations ne se sont jamais mises d'accord pour faire de la portée du canon la limite générale des eaux territoriales. En fait, une majorité des Etats s'est prononcée pour la limite de trois milles. On pourrait, non sans raison, dire que la mesure de trois milles est tirée de celle de la portée du canon, employée au XVIIIe siècle. Mais c'est alors une mesure qui a remplacé l'autre ; et la portée du canon, prototype de la limite de trois milles, est tout de même, sauf dans des cas particuliers (1), une réminiscence historique.

Résumons les résultats de nos recherches : la notion de la mer territoriale telle que nous la connaissons actuellement ne résulte pas d'une occupation de la mer effectuée par la force des canons. La portée du canon n'est pas non plus

(1) Par exemple, un décret italien du 21 avril 1895 porte que les navires marchands doivent se retirer dans les douze heures après en avoir reçu l'avertissement, hors de la portée des canons d'une place fortifiée, lorsque celle-ci doit être mise sur pied de guerre.

la limite convenue de la mer territoriale d'aujourd'hui. En somme, on peut dire que cette expression : « la portée du canon », quand elle subsiste encore dans les textes, est prise comme un équivalent de trois milles bien plutôt que l'expression trois milles n'est prise, là où on l'emploie, comme un équivalent de la portée du canon.

Si la portée des armes (*vis armorum*) devait être la mesure des eaux territoriales, alors la portée des flèches aurait été, avant l'invention des armes à feu, la limite idéale de la mer territoriale. Il n'en a rien été. Au fond, les intérêts qui portent les hommes vers la mer n'ont pas changé du fait de cette invention. Les intérêts et les conflits étant les mêmes, il est naturel que les droits et les devoirs qui en découlent restent essentiellement semblables. Aussi les limites de la mer territoriale adoptées avant l'invention des armes à feu ont-elles souvent été beaucoup plus larges que les limites d'origine plus moderne : la preuve en est dans les cent milles du droit italien, dans la limite de la ligne médiane de l'ancien droit anglais et norvégien, dans la limite de la vue. Faut-il parler de l'occupation de la mer ? Je n'y vois pas d'inconvénient, pourvu qu'on observe la différence qui existe entre l'occupation des choses terrestres et celle des droits sur mer. Mais cette occupation, c'est par des navires qu'elle s'accomplit ; et le rayon d'action des flottes ne dépend pas seulement des armes employées ; il dépend plutôt des marins et de leur science de la navigation, des navires et des forces motrices dont ils sont munis.

Le plus important, ce n'est pas, du reste, à mon avis, de savoir quand et comment a eu lieu l'occupation ou l'usurpation de tel ou tel droit sur la mer côtière. L'important, c'est de savoir quand et comment a eu lieu le consentement exprès ou tacite des nations qui donne à l'occupation ou à l'usurpation la qualité d'un titre de droit. On sait bien que les Etats côtiers se sont, dans le passé, arrogé, jusqu'à une certaine étendue de la mer côtière, le droit d'interdire les prises maritimes, de lever des impôts sur la navigation, d'infliger aux navigateurs les visites douanières et sanitaires, de réserver la pêche à leurs nationaux. Mais jusqu'à quel point, et pour quelles raisons, les autres nations ont-elles acquiescé à ces prétentions ? La réponse varie d'après les droits dont il s'agit. La neutralité des eaux au large des côtes non fortifiées a été, suivant les intérêts en jeu, ou contestée, ou bien défendue et soutenue avec acharnement. Le résultat en a été un compromis. Le droit de lever des impôts sur la navigation, en dehors des ports, a complètement disparu. En ce qui concerne les visites douanières et sanitaires, les raisons qui en ont fait conserver le droit aux Etats côtiers ont été très bien expliquées par un orateur à la Chambre des Lords en 1739 : « Nous devons nous garder de dénier cette liberté à d'autres nations ; car, si nous le faisons, toutes les nations de l'Europe nous diront : avec la mesure que vous employez, il vous sera à votre tour mesuré ; comme vous ne voulez pas permettre que nous visitions vos navires sur nos côtes, nous ne vous permettrons pas de visiter nos navires sur vos côtes » (1). Voici une question décidée par la force de la réciprocité des nations. Dans la question de la pêche, beaucoup de considérations se mêlent à ce sentiment de réciprocité et en faussent souvent l'expression.

Il y a déjà longtemps que la portée du canon, préconisée par la doctrine et retenue, à l'état de réminiscence, par les règlements de neutralité, est invoquée par les gouvernements désireux d'étendre, au profit de leurs Etats, la limite de la mer territoriale, ou pressés de justifier leurs prétentions à une zone territoriale plus étendue que d'ordinaire (2). La portée du canon joue ainsi, de nos jours,

(1) Hansard, X, col. 1233.

(2) La portée réelle des canons a été invoquée comme la limite logique de la mer territoriale par le gouvernement russe, dans les

le rôle diamétralement opposé à celui qu'elle été appelée à jouer au XVIIIe siècle. Alors, elle était la mesure moins large proposée aux lieu et place de mesures plus étendues, la vue, les quatre lieues, etc. Aujourd'hui, elle sert de justification pour des limites plus étendues que les trois milles ordinairement acceptés. Tandis qu'elle était elle-même, au XVIIIe siècle, une mesure déterminée, elle est maintenant la formule philosophique employée pour appuyer des limites calculées en milles ou en d'autres termes nautiques. Elle tire une force particulière de ce fait que la limite de trois milles, dont elle est désormais l'adversaire, a longtemps été regardée comme l'équivalent de la portée du canon. La portée réelle du canon est donc, en quelque sorte, mise en opposition avec la limite de trois milles, comme la réalité, tardivement aperçue, placée en regard de la fiction arbitraire et condamnable.

Il n'y a pas lieu ici de se prononcer sur la valeur des causes qui sont ainsi servies par le renvoi à la portée réelle du canon. Seulement, il est aussi faux, au point de vue de la jurisprudence actuelle, de se réclamer de la portée réelle du canon qu'il est de supposer que la limite de trois milles repose, à l'heure actuelle, sur la base de la portée du canon. La prétention de certains Etats à des limites territoriales dépassant les trois milles est, je le veux bien, appuyée par des raisons valables tirées d'autres articles du droit des gens actuel : d'autre part, la prédominance, en certaines

échanges de vues diplomatiques avec la Grande-Bretagne au sujet des limites de la zone de pêche dans l'Océan Glacial et de la zone douanière dans les eaux russes (1910-1911), par les ministres italiens de la marine et des affaires étrangères dans les débats parlementaires précédant le vote de la loi du 16 juin 1912 attribuant aux autorités italiennes le pouvoir de défendre aux navires marchands, pour des raisons tirées de la défense nationale, de séjourner dans une distance de dix milles de la côte italienne (30 septembre 1909), et, enfin, par une commission norvégienne chargée de se prononcer sur la limite de la zone de pêche au large de Finmarken (rapport de 1912).

relations, de la limite de trois milles s'explique par des raisons qui n'ont rien à voir avec la portée du canon. Nous plaçant sur le terrain des réalités, nous verrons d'abord jusqu'à quel point la limite de trois milles peut aspirer à la qualité d'un article du droit des gens, chez les nations même qui n'y ont pas ouvertement adhéré. Ensuite, nous examinerons si la place reste libre pour le maintien des règles plus étendues adoptées par certaines puissances ou pour l'introduction de nouvelles limites dépassant les trois milles de la jurisprudence actuelle.

XII

LES PROBLÈMES ACTUELS

Si le territoire maritime d'un Etat était un territoire comme le sont les parties de la terre soumises à la souveraineté de l'Etat, le problème de son étendue dans l'espace serait résolu en déterminant l'étendue de l'occupation effectuée : question d'histoire qui ne donnerait pas lieu à l'établissement de règles générales, applicables à la mer territoriale de plusieurs Etats. C'est, du reste, de l'hypothèse d'une occupation primitive que partirent Selden et ses disciples. Mais c'est en vain qu'ils se sont efforcés de transplanter ainsi la question dans le domaine de l'histoire. A part les baies, les fjords, les parties de la mer enfermées par la chaîne d'îles et d'îlots qui se trouve devant les côtes de certains pays, — la Norvège, par exemple, la partie occidentale de l'Amérique du Nord, le Japon, — l'occupation de la terre n'entraîne pas l'occupation de la mer voisine. Quant aux baies, y compris les embouchures des grands fleuves, et aux fjords ainsi qu'aux parties de la mer enfermées par des îles et des îlots (*skjærgaarden*), c'est une question d'histoire de savoir jusqu'à quelle mesure ils auront été occupés par l'Etat riverain : car il s'agit là vraiment de parcelles de la mer faisant partie intégrante du corps de l'Etat.

La mer territoriale n'est pas un territoire occupé. Si l'Etat côtier y est, en quelque sorte, souverain, c'est qu'il y jouit d'un nombre de droits maintenant consolidés et dénommés par un terme général : la souveraineté de l'Etat riverain. Cette souveraineté, c'est surtout envers les étrangers se trouvant sur le territoire maritime qu'elle produit ses effets. Elle est sans doute opposable aussi aux nationaux ; mais la souveraineté de l'Etat s'exerce envers ces derniers partout où ils se trouvent : sur la mer, sur la haute mer et même, en partie, sur le territoire maritime d'un autre Etat, en vertu de l'exterritorialité, plus ou moins absolue, des bâtiments marchands et des navires de guerre. Si les lois de l'Etat n'obligent souvent les nationaux que dans les limites de la mer territoriale, c'est grâce à des considérations spécifiques ; c'est, le plus fréquemment, parce que le gouvernement ne veut pas que ses sujets soient mis dans une situation défavorable par rapport aux étrangers jouissant de leur pleine liberté d'action sur la haute mer. Mais, en cas de doute, la présomption est en faveur de la souveraineté de l Etat s'exerçant envers ses sujets même en haute mer, en dehors de la mer territoriale.

C'est donc aux étrangers que s'imposera principalement l'observation des droits dont jouissent l'Etat côtier et ses sujets dans les limites de la mer territoriale. De ce chef, la notion de mer territoriale relève du droit international. Elle tombe sous le régime des principes généraux du droit des gens. Il convient, par suite, pour qui s'occupe de la question de l'étendue de la mer territoriale, d'établir dans quelle mesure le droit international, en principe un et uniforme, peut admettre des règles particulières et divergentes.

En réalité, l'unité du droit international n'est pas parfaite. Il y a des dérogations qui sont sanctionnées par des traités, ou des accord tacites : les mêmes règles ne sont pas suivies partout ; et, sur le même territoire, des principes divers sont parfois appliqués à des nations différentes. Sans aucun consentement préalable, les besoins de l'existence, les nécessités de la vie peuvent forcer une nation à prendre soit des mesures générales, plus gênantes que ne l'était le régime du droit international préexistant, soit des mesures particulières, mettant une nation ou les sujets d'une nation dans une situation plus défavorable que celle où ils se trouvaient auparavant. De pareilles mesures sont plus particulièrement édictées pendant que l'Etat qui les prend est en guerre ; mais elles peuvent être prises toutes les fois que l'Etat se voit dans la nécessité de le faire pour sauvegarder son existence ou ses intérêts vitaux. Au point de vue du droit international, de telles dispositions sont au moins jusqu'à un certain degré permises et peuvent être maintenues aussi longtemps que dure la nécessité même. L'Etat est le plus souvent, dans les conditions actuelles du droit international, lui-même compétent, et seul compétent, pour juger si la nécessité existe. L'unique remède qui reste aux Etats qui se trouvent lésés par les mesures prises est, en dernière instance, après l'épuisement des moyens diplomatiques, la guerre. Le droit international ayant attribué aux Etats une compétence d'une certaine amplitude, il se peut, en outre, qu'un Etat n'en fasse usage qu'envers certains Etats, ou en fasse usage plus ou moins complètement envers les différents Etats. Les Etats qui se trouvent lésés par cette différenciation de traitement peuvent s'en plaindre comme d'un acte peu amical ; mais, à moins qu'il n'existe des traités ou d'autres accords, ils ne peuvent pas soutenir que cette façon d'agir constitue une infraction au droit international.

Bien plus, si le droit international, ou les traités conclus par un Etat, interdisent absolument un acte, et si un Etat l'accomplit sous la pression de la nécessité dont je viens de parler, pour sauver son existence ou pour sauvegarder ses intérêts vitaux, l'acte doit être, sous des conditions jusqu'ici mal définies, considéré comme permis. Mais si cet acte porte quelque préjudice à un autre Etat, l'Etat qui l'accomplit est tenu de lui accorder des dommages-intérêts. Les effets immédiats de l'acte, le transfert d'un droit de propriété, la confiscation effectuée, etc., ne doivent, au surplus, être déclarés valables qu'autant que dure la nécessité ; une *restitutio in integrum* doit avoir lieu aussitôt que la nécessité a pris fin.

La prescription telle qu'elle a été introduite dans les législations nationales n'existant pas, exception faite des cas prévus par les traités, dans le droit international, un état de choses qui existe depuis longtemps n'est sanctionné par le droit des gens que si l'existence prolongée de cet état de choses prouve le consentement tacite des nations ; ici, le consentement des nations les plus intéressées, en raison du voisinage ou autrement, oblige également les nations moins intéressées ou dont les intérêts ont surgi à une époque postérieure à la sanction définitive de cet état de choses. Autrement, un état de choses, eût-il duré depuis le commencement du monde, ne serait jamais inviolable, au détriment manifeste des intérêts de toutes les nations. Si, en outre, un Etat fait le premier usage d'un droit qui lui est, dans la suite, reconnu par les nations, et si un autre Etat s'avise d'exercer le même droit dans une mesure plus large, alors le premier Etat aura le droit de protester auprès de l'autre ou de refuser de lui reconnaître la compétence plus étendue qu'il réclame ; sans cela, une surenchère continuelle compromettrait tout progrès réalisé dans le domaine du droit international, et, en tant que surenchère, la compétence réclamée par le deuxième Etat est une innovation en dehors du droit international. Mais, en vertu du même droit international, le premier Etat est obligé de souffrir, de la part de l'autre Etat, l'exercice de la même compétence qu'il s'arroge lui-même ; sans cela, il fournirait lui-même la preuve que cette compétence ne rentre pas dans le cadre du droit international. Or, un Etat qui use d'une compétence quelconque dans une mesure déterminée peut-il s'opposer à l'action d'un autre Etat qui continue d'en user dans une mesure plus étendue après que le premier Etat a réduit la mesure de son exercice de la compétence? Evidemment non, si la compétence plus étendue du deuxième Etat a, une fois, reçu la sanction du droit international. L'exercice de cette compétence plus étendue ne devient pas une innovation en dehors du droit international du fait qu'un autre Etat diminue l'étendue de la compétence exercée par lui. Devient-elle une innovation du fait que deux ou trois Etats, ou même la pluralité des Etats, se rangent du côté de l'exercice plus restreint de la compétence en question? Elle ne deviendra jamais une innovation; elle deviendra peut être une anomalie. Si un régime quelconque a une fois été reconnu par le droit international, cette reconnaissance ne sera pas abrogée du seul fait qu'une pluralité des nations se sera après coup prononcée en faveur d'un autre régime. Ce serait anticiper sur un état de choses qui ne pourrait exister que sous la condition d'une représentation organisée des nations, munie de pleins pouvoirs pour faire la révision des dispositions du droit international. Une seule exception serait à faire, au profit des dispositions du droit international ayant un but dont le caractère même exige impérieusement une action uniforme de la part de toutes les nations. Alors, il demeure sous-entendu que les nations qui se voient en minorité doivent aider le triomphe du droit sur l'anarchie en se rangeant, bon gré mal gré, du côté de la pluralité. — Appliquons ces remarques générales au régime de la mer territoriale.

La limite qui tend à être exclusivement reconnue par le droit des gens est la limite de trois milles. C'est elle qui est adoptée par la pluralité des puissances maritimes en matière de neutralité et de pêche, et, en général, en matière de juridiction. La surveillance douanière et sanitaire est, nous l'avons déjà vu, sous un régime exceptionnel. Bien que la limite de trois milles soit dite limite générale de la mer territoriale, on est, en examinant de près son titre à l'adoption universelle, obligé de traiter séparément des diverses compétences de l'Etat côtier sur mer (1).

Quant à la neutralité en temps de guerre, elle est, par sa nature même, basée sur le commun accord des puissances neutres. Au point de vue du droit international, la neutralité sert à déterminer jusqu'à quel point l'état de guerre, reconnu lui aussi par le droit des gens, a remplacé l'état de paix. Au point de vue politique, tous les Etats non belligérants sont obligés, pour limiter l'étendue de la guerre, d'observer une stricte neutralité. Cette neutralité consiste, d'abord, en ce que l'Etat neutre doit traiter les deux parties belligérantes exactement de la même manière, conformément aux règles du droit des gens ; mais elle comporte, ensuite, la nécessité pour tous les Etats neutres d'observer la neutralité de la même manière. En d'autres termes, la neutralité, article du droit international, crée entre les Etats neutres, membres de la société des nations, certaines relations réciproques. Sans cela, la neutralité serait uniquement un élément de politique et de législation nationale. Du reste, il n'est pas certain qu'une impartialité formelle dans le traitement des deux parties belligérantes soit, en réalité, la neutralité au vrai sens du mot. Au cours de la guerre entre Louis XIV et l'alliance anglo-néerlandaise, en 1691, les ambassadeurs de chacune des parties belligérantes à Copenhague pressèrent le gouvernement danois d'adopter une règle différente pour la limitation des eaux neutres : l'ambassadeur de France recommandait la limite de la portée du canon, les

(1) L'existence respectivement indépendante des droits qui constituent la souveraineté maritime, était reconnue même au XVIIe siècle, en Angleterre, comme il résulte de cette déclaration de Sir Léoline Jenkins : « *... one ensign or badge of soveraignty doth not necessarily infer another, so as it may be concluded, that because the one is made out by a full proof, and a legal prescription, the other is so too... he that warrants the striking, warrants no more to the Lord, than that single droit, the Lord being put to his proof for the fishery (for instance)* » (*The Life of Sir Leoline Jenkins*, II, p. 699).

ambassadeurs anglais et néerlandais celle du rayon visuel. Par le traité du 28 décembre 1691, le gouvernement danois adopta définitivement la dernière de ces limites. Il la fit, évidemment, observer tant par les corsaires néerlandais et anglais que par les corsaires français ; mais ceux-ci étant les maîtres sur mer et infligeant de grosses pertes au commerce maritime des deux pays alliés, la mesure du gouvernement danois qui, en apparence impartiale, limitait une liberté d'action dont les Français profitèrent plus que les autres, était en réalité préjudiciable à la France. Quant aux devoirs des neutres, on est bien d'accord pour penser qu'ils doivent être entendus de la même manière par toutes les nations neutres, et que c'est uniquement l'état imparfait du droit international qui empêche que les vues soient partout tout à fait identiques. Il en doit être de même pour l'étendue des eaux neutres en temps de guerre. Il est d'ailleurs, infiniment plus facile d'arriver à une entente sur l'étendue des eaux neutres que sur la vraie nature des devoirs des neutres. Il est vrai que l'étendue adoptée par la pluralité des nations pourra, dans l'espèce, offrir plus d'avantage à l'une des parties qu'à l'autre. Mais, en se séparant de la règle suivie par la pluralité, on arriverait peut-être à aggraver cette inégalité ou à rejeter le désavantage du côté de l'autre partie ; en tout cas, l'Etat qui modifierait les règles généralement adoptées devrait être seul responsable de cet état de choses et encourrait, sans aucune excuse valable au point de vue du droit, le ressentiment de la partie lésée dans ses intérêts. Dans ce cas disparaît donc le titre que pourrait donner l'usage antérieur : même s'il a maintenu, avec l'assentiment des nations, une étendue des eaux neutres plus ou moins large que celle adoptée d'ordinaire, un Etat, pour se conformer à la notion de la neutralité acceptée par le droit international d'aujourd'hui, est obligé de contribuer, pour sa part, à la formation d'une règle uniforme sur l'étendue des eaux neutres

Ainsi, l'Espagne, qui a jadis observé une limite des eaux neutres de deux au lieu de trois milles, et qui maintient, à certains égards, une limite territoriale de six milles, a, paraît-il, en ce qui concerne les eaux neutres, hésité entre cette limite et celle des trois milles. Pour les Etats scandinaves, Norvège, Danemark et Suède, le choix sera difficile, en cas de guerre, entre la limite des trois milles et celle d'un mil, à moins qu'un nouvel accord international n'intervienne, entre temps, pour élargir la zone neutre. Les chances de voir aboutir un tel accord sont singulièrement agrandies par suite du récent décret français, en date du 18 octobre 1912, fixant l étendue des eaux neutres françaises à six milles de la côte et des bancs découvrant qui en dépendent. N'ayant soulevé, autant que je sache, aucune opposition de la part des grandes puissances maritimes, ce décret implique la possibilité — je préférerais dire la nécessité — pour les autres puissances maritimes d'adopter la même limite en matière de neutralité maritime.

Du reste, la neutralité sous l'aspect qui est le plus essentiel aujourd'hui, je veux dire l'interdiction d'actes hostiles entre les navires de guerre des belligérants dans les limites des eaux territoriales, ne date que du XIXᵉ siècle. Elle est, par conséquent, postérieure aux régimes exceptionnels de l'Espagne et des Etats scandinaves. La règle qui a été, à l'origine, adoptée pour ce cas particulier est celle des trois milles. Par rapport à cette nouvelle notion de la neutralité, les régimes exceptionnels n'ont pas été reconnus.

En réalité, il convient de distinguer nettement les conséquences de l'état de neutralité en ce qui concerne les prises maritimes et en ce qui touche les entreprises de guerre proprement dites. Le régime des prises maritimes ne peut jamais mettre en jeu les intérêts vitaux des belligérants ; il en est tout autrement des règles relatives aux entreprises de guerre. La neutralité des eaux territoriales en matière de prises maritimes doit être considérée comme absolue. Toute prise maritime qui porte atteinte à cette neutralité est une infraction au droit international tel qu'il a été établi au cours des siècles ; cela est, à mon avis, vrai, même si l'Etat côtier a négligé toute précaution pour maintenir la neutralité de ses eaux territoriales. Les termes de la convention conclue à la Haye en 1907 sur la guerre navale, portant que l'Etat côtier doit maintenir par les moyens à sa disposition la neutralité de ses eaux territoriales, ne devraient avoir aucun rapport avec la question des prises maritimes : faites dans les eaux territoriales d'un Etat neutre, ces prises ne sont jamais valables. Il en est autrement des entreprises de guerre dans les eaux neutres. A cet égard, le droit international souffre cette exception dont j'ai parlé plus haut, à savoir que ce ne sera pas une infraction au droit international qu'un Etat belligérant, sous la pression de la nécessité, et pour des intérêts essentiels, livre bataille dans la mer territoriale d'un Etat neutre qui n'est pas en situation de désarmer la flotte ennemie qui s'y est réfugiée. Alors les termes de la convention de 1907 conservent leur sens. Si les grandes puissances navales ont consenti à respecter, même par rapport aux entreprises de guerre, la neutralité des eaux territoriales d'un Etat neutre, c'est sous la condition que celui-ci fasse de son mieux pour empêcher toute utilisation dans un but de guerre de ses eaux territoriales. S'il ne remplit pas cette condition, l'obligation pour les belligérants de respecter sa mer territoriale disparaît, sauf pour les baies et eaux intérieures qui font partie intégrante du territoire de l'Etat. Si l'Etat neutre veut, mais ne peut pas maintenir sa neutralité, les belligérants n'auront pas le droit de se servir de ses eaux ; mais, au cas où l'une des parties s'en servirait, illégalement, l'autre partie aura, sous la pression des nécessités de la guerre, le droit de s'en servir aussi ; et, si la flotte de l'un des belligérants se réfugie dans les eaux neutres sans être désarmée, la flotte de l'adversaire aura le droit de la poursuivre et de lui livrer bataille. Les eaux territoriales ne sont donc pas assimilées au territoire terrestre, en ce qui concerne la neutralité.

L'opinion a été parfois exprimée que les belligérants ne sont pas seulement obligés de se tenir à une distance déterminée, soit à trois milles, de la côte, mais qu'ils doivent s'abstenir de tirer le canon de manière que les boulets tombent et fassent des dégâts sur la terre neutre ou même sur les bâtiments se trouvant dans les eaux neutres. Il ne semble pas que le droit international d'aujourd'hui impose une telle obligation aux belligérants. Toute action de guerre, toute prise maritime est permise en dehors de la limite de trois milles ; seulement, l'Etat belligérant dont les canons pendant une action navale causent des dommages aux choses ou aux personnes se trouvant sur le territoire d'un Etat neutre, sera obligé de payer des dommages-intérêts, de même qu'il est responsable des dégâts faits sur le territoire neutre pendant une bataille qui se livre à terre à proximité de la frontière d'un Etat neutre.

La question de la pêche est différente. Il n'est pas nécessaire, ni au point de vue politique, ni au point de vue du droit international, que la zone réservée aux pêcheurs nationaux soit de la même étendue dans tous les pays. Lorsque la pêche cotière a été réservée, en Europe, aux habitants des pays respectifs, les grandes puissances maritimes se sont arrêtées à la limite de trois milles. Elles sont également obligées de reconnaître aux autres pays le droit de s'approprier la pêche côtière jusqu'à ladite distance. Mais, lorsqu'il s'agit d'une innovation, elles ne sont pas, à mon avis, obligées de respecter une zone plus large que celle de trois milles. Les circonstances particulières peuvent être d'une telle nature qu'il serait considéré comme un acte peu amical de s'opposer à l'établissement d'une zone élargie ; mais d'obligation, il n'y en a pas. Par contre, lorsqu'une zone de pêche réservée plus étendue que de trois milles a existé et a été reconnue avant l'adoption, par les puissances, de la limite de trois milles, alors elles sont bien obligées de la respecter : un régime originairement légal ne devient pas illégal du fait que la pluralité des puissances en adoptent un autre. Evidemment, le maintien de la zone exceptionnelle pourra, s'il est inutile à l'Etat côtier, être considéré, à son tour, comme un acte peu amical ; mais l'Etat côtier n'est pas, au point de vue du droit international, tenu de l'abandonner. Le maintien d'une zone élargie devient d'autant plus valable, si une population côtière indigente dépend des produits de cette pêche : le droit international est censé respecter les unités dont se composent la société des nations, et même les subdivisions quelque peu importantes de ces unités ; il ne contraindra pas sans raisons suffisantes un Etat à sacrifier une partie de sa population ; il ne fera pas reculer la civilisation en dévastant des territoires autrefois peuplés au profit d'entreprises de pêche étrangères plus ou moins incertaines et sans importance vitale pour les personnes qui les exerceraient. Si la pêche est l'origine du peuplement de la côte, et il est constant que la population pourrait difficilement supporter la nouvelle concurrence des pêcheurs étrangers, cet état de choses exceptionnel pourra même tenir la place de la sanction internationale faisant défaut, ou la fortifier si elle n'est pas complète. En outre, le droit international admet, semble-t-il, la possibilité d'une occupation non seulement de bancs de perles, comme ceux de Ceylan, situés depuis 6 à 21 milles au large de la côte, mais aussi de places de pêche ; ainsi, les bancs de Terre-Neuve ont longtemps été dans la possession exclusive des Anglais. C'est à la lumière de ces différentes considérations qu'il faut juger les prétentions de l'Espagne et de la Norvège à une zone respectivement de six milles et d'un *mil* au large de la côte. Je ne sais pas bien si la prétention espagnole est antérieure à l'adoption de la limite de trois milles, qu'il faut faire remonter, en matière de pêche, à 1839, date de la première convention consacrant cette limite en Europe. Mais, en Norvège, la pêche côtière a été de temps immémorial réservée à la population, et la limite d'un mil, datant de la fin du XVIIIe siècle, n'est qu'une restriction d'anciennes prétentions allant beaucoup plus loin. Pour trancher les difficultés qui s'attachent à la délimitation de la zone de pêche et de l'exploitation des produits de la mer côtière en général, il serait utile d'organiser une enquête internationale faisant le tableau des diverses considérations de droit et de fait qui s'attachent à la question de la pèche côtière dans les différents pays, et d'établir, d'un commun accord, les limites à observer sur les différentes côtes. Cet accord mettrait fin à une période d'incertitude et d'agitation.

La juridiction maritime en matière civile et criminelle est, dans son aspect actuel, une création du XIXe siècle. Elle subira donc, sauf des exceptions peu considérables, le régime de la limite de trois milles qui est intimement liée à son introduction même dans le droit des gens. D'autre part, la juridiction de l'Etat riverain offrant d'ordinaire plus d'avantages que d'inconvénients pour les Etats étrangers et leurs sujets, son extension au delà des trois milles ne soulèvera peut-être pas, dans l'espèce, d'objections sérieuses. C'est sur ce terrain, le plus important, du reste, à mesure que les questions spéciales de la pêche et de la neutralité seront réglées, que s'effectuera le plus facilement un accord international touchant l'extension de la mer territoriale, extension préconisée par la grande majorité des jurisconsultes contemporains. Conformément aux intérêts qui sont en jeu, les Etats consentiront probablement, ici, à une différenciation soit d'après les matières réglées, soit d'après les nationalités des personnes et navires visés. Dans ces questions d'ordre purement pratique, la réciprocité du traitement accordé des deux côtés suffira souvent à satisfaire les Etats, et le respect des intérêts légitimes permettra des concessions mutuelles considérables. En traitant de matières spéciales on pourra, en outre, s'inspirer souvent des règles particulières au régime de la surveillance douanière et sanitaire qui est elle-même une partie détachée de la juridiction maritime.

Le régime de la surveillance douanière et sanitaire est très varié suivant les pays. La surveillance sanitaire s'exerce même, en certains pays, dans une étendue moins considérable que celle des trois milles (1). Le plus souvent, la surveillance douanière et sanitaire dépasse la limite de trois milles. En vertu de traités de commerce, différents régimes sont parfois applicables aux différents pays. Sauf les stipulations contractuelles, chaque pays sera justifié à l'étendre jusqu'à la limite la plus large généralement reconnue par la jurisprudence. Les limites employées dans ces relations ne manqueront pas d'exercer une influence considérable dans le sens d'une extension progressive de l'étendue de la juridiction maritime en général. La dernière limite n'est pas encore atteinte. Peut-être le développement ne s'arrêtera-t-il qu'à la ligne médiane,— cette ancienne limite d'une juridiction plus vague et plus étroitement égoïste.

Dans cet ordre d'idées, il importe, enfin, de noter que les puissances maritimes engagées dans une guerre seront justifiées d'élargir pour les besoins de la surveillance militaire la zone de leurs eaux territoriales. C'est ainsi que la Turquie a, en 1911, à l'occasion de sa guerre avec l'Italie, déclaré, par une notification aux puissances, qu'une zone de cinq milles au large des côtes ottomanes, ainsi que la baie de Salonique, devrait être considérée, en ce qui concerne les opérations militaires, comme faisant partie des eaux territoriales de la Turquie. C'est en quelque sorte l'état de siège qui est ainsi déclaré sur mer ; et, pour déterminer l'étendue maxima de la zone soumise à l'état de siège, on devrait se rap-

(1) En Italie la limite de la surveillance sanitaire est de cinq kilomètres seulement.

porter plutôt à la zone de surveillance douanière et sanitaire qu'à la zone de la juridiction générale. En Italie, la loi du 16 juin 1912 donne, dans le même ordre d'idées, la limite de dix milles marins. A défaut de stipulations contractuelles visant plus spécialement l'état de guerre (1), on est même obligé d'admettre que les Etats maîtres des deux rivages d'un détroit international auront le droit, en cas d'hostilités, de surveiller la navigation pacifique et les navires neutres plus étroitement que ne le permet, en temps de paix, le régime des détroits internationaux. Si des vexations inutiles sont causées à des neutres par des officiers d'une puissance belligérante, l'Etat neutre aura, bien entendu, le droit d'intervenir en faveur de ses sujets, en recourant, au besoin, au tribunal international des prises, quand celui-ci sera entré en fonctions. On ne pourrait même pas déclarer d'avance, d'une manière absolue, illégale au point de vue du droit international, constitué comme il l'est à présent, toute fermeture, en cas de guerre, d'un détroit international. Mais, pour être légale ou permise, la fermeture devrait être provoquée par les besoins des opérations militaires, par la nécessité de la guerre ; elle ne pourrait pas être employée comme moyen de faciliter, ou même de supprimer, la surveillance militaire. En tout cas, les puissances qui procéderaient, sous la pression des nécessités de la guerre, à la fermeture d'un détroit international seraient tenus de dédommager les Etats neutres des inconvénients qui en résulteraient, obligation qui ferait naturellement réfléchir les puissances belligérantes dont l'intention serait de procéder à une pareille mesure (2).

Il faut donc envisager, à mon avis, la possibilité d'une différenciation progressive des droits que les nations exer-

(1) Ce qui est le cas pour les canaux de Suez et de Panama, déclarés neutres par des traités internationaux.

(2) Voir les déclarations de l'amiral français Germinet dans l'*Echo de Paris*, du 13 septembre 1912, au sujet de la fermeture éventuelle,

cent sur mer. Mais par suite de la complexité même de ces droits, et du moins jusqu'à l'étendue indiquée par le droit dont le rayon d'exercice est le plus faible, la mer territoriale restera le territoire maritime dans le sens que ce terme a pris au cours du XIXe siècle. La souveraineté maritime de l'Etat ne se trouvera en rien diminuée même par la plus complète différenciation des droits qui la composent.

en cas de guerre, du Pas-de-Calais par les puissances riveraines, la France et l'Angleterre, et la discussion suscitée par ces déclarations. La réponse de M. Den Beer Poortugael, dans *Het Vaderland*, du 16 septembre 1912, ne tient pas, semble-t-il, suffisamment compte des exigences de l'Etat de guerre sur mer.

BIBLIOGRAPHIE

Abreu y Bertodano (Félix Joseph de). — Tratado jurídico-politico, sobre pressas de mar, y calidades, que deben concurrir para hacerse legitimamente el corso. Cadix, 1746.

Alvarotus (Jacobus). — Alvarotti, feudorum interpretis, lectura in usus eorundem eruditissima. Editio novissima. Francfort, 1587.

Andreas de Rampinis Iserniensis. — Commentaria in usus et consuetudines feudorum. Francfort, 1629.

Angelus (Aretinus). — (Super Institutionibus). Lyon, 1523. — Bibl. Nat., Rés. F. 2171-2172.

Angelus (de Perusio). — Super prima ff. veteris. Milan, 1477. — Bibl. Nat., Rés. F. 102.

— Lectura aurea ac peregrina super prima (secunda) ff. novi. — Bibl. Mazarine, XVe, 727.

— Consilia. Francfort, 1575.

Antunez Portugal (Dominicus). — Tractatus de donationibus regiis, in duos tomos divisus... Tomus secundus. Lyon, 1688.

Atherley-Jones (L. A.). — Commerce in war. Londres, 1907.

Azuni (Dominique Albert). — Système universel de principes du droit maritime de l'Europe. Traduit de l'italien par J. M. Digeon, I-II. Paris, an VI.

Baldus de Ubaldis. — Commentaria in primam Digesti veteris partem. Lyon, 1585.

— Commentaria in quartum Codicis librum. Augustæ Taurinorum, 1576.

— Commentaria in sextum Codicis librum. Lyon, 1585.

— Super feudis. Lyon, 1522.

— Ad tres priores libros Decretalium commentaria. Augustæ Taurinorum, 1578.

Bartholomæus a Saliceto. — Pars secunda. In tertium et quartum Codicis libros... Venise, 1574.

Bartolus a Saxoferrato. — Consilia, Quæstiones, et Tractatus. Bâle, 1588.

— Commentaria in primam Digesti veteris partem. Lyon, 1538.
— In primam (secundam) Digesti novi partem commentaria. Lyon, 1537.
— In tres libros Codicis commentaria. Augustæ Taurinorum, 1574.
Beaujon (A.). — Overzicht der geschiedenis van de nederlandsche zevischerijen. Leide, 1885.
Behrmann (Walther). — Ueber die niederdeutschen Seebücher des fünfzehnten und sechzehnten Jahrhunderts. — Mitteil. der Geogr. Gesellschaft in Hamburg, vol. XXI, p. 63-176. Hambourg, 1906.
Belloni (Johannes Antonius). — Consiliorum sive responsorum... centuria nunc primum edita. Augustæ Taurinorum, 1623.
Belluga (Petrus). — Speculum principum ac justitiæ. Paris, 1530.
Benedictus (Aegidius). — Commentaria in Digestum (Cité d'après Johannes de Solorzano Pereira).
Béquet (Léon). — Répertoire du droit administratif... T. XIII. Paris, 1896.
Bertachinus Firmanus (Johannes). — Tractatus de gabellis. Lyon, 1533.
Bertrandus (Stephanus). — Consiliorum sive responsorum... volumen III. Pars posterior. Francfort, 1603.
Besoldus (Christophorus). — Juridico-politicæ dissertationes. Argentorati, 1624.
Black Book (the) of the Admiralty. Edited by Travers Twiss. I-V.. Londres, 1871-1876.
Blomberg (Hugo). — Ur föreläsningar i svensk statsrätt. Upsala, 1904-1906.
Bodin (Jean). — Les six livres de la République. Paris, 1577.
— De republica libri sex, latine ab autore redditi, multo quam antea locupletiores. Lyon, 1586.
Boer (Guilelmus Richardus). — Specimen juris gentium inaugurale de dominio gentium aquatico. Trajecti ad Rhenum, 1846.
Bois-Gelin de la Thoisse (Christophle). — Traité des droits royaux de bris et de brefs ou seaux. Dinan, 1595.
Breusing (Arthur). — Voir Seebuch (das).
Burgus (Petrus Baptista). — De dominio Serenissimæ Genuensis Reipublicæ in mari Ligustico. Rome, 1641.
Bynkershoek (Cornelis van). — De dominio maris. — Opera minora, olim separatim, nunc conjunctim edita. Leide, 1730.
— Quæstionum juris publici libri duo. Leide, 1737.
Cabedo (Georgius de). — Practicarum observationum, sive decisionum Supremi Senatus Regni Lusitaniæ pars secunda. Anvers, 1635.

Cacheranus (Octavianus). — Decisiones Sacri Senatus Pedemontani, ab Octaviano Cacherano... collectæ,et nunc secundum limatius et ornatius editæ. Francfort, 1599.

Cæpolla (Bartholomæus). — Tractatus de servitutibus, tam urbanorum, quam rusticorum prædiorum. Amsterdam, 1686.

Caldas Pereira (Franciscus de). — Analyticus commentarius, sive ad typum instrumenti emptionis et venditionis tractatus. Francfort, 1618.

— Consilia. Francfort, 1612.

Cancer (Jacobus). — Variarum resolutionum juris Cæsarei, Pontificii, et Principatus Cathaloniæ pars tertia. Lyon, 1626.

Capiblancus (Johannes Franciscus). — Tractatus de iure et officio baronum erga vassallos burgenses. Liber secundus. Naples, 1630.

Casaregis (Josephus Laurentius Maria de). — Discursus legales de commercio. 2e éd. Venise, 1740.

Castro (Franciscus Alphonsus a). — De potestate legis pœnalis libri duo, opus nunc recens ab auctore editum et nunquam ante impressum. Salmanticæ, 1551.

Celso (Hugo de). — Consilia (Cité d'après Crespi de Valdaura).

Cleirac (Estienne). — Us et coustumes de la mer. Bordeaux, 1647.

Codex juris gentium diplomaticus, ed. Leibniz (Gottfried Wilhelm von). I-II. Hannover, 1693-1700.

Connanus (Franciscus). — Commentariorum juris civilis libri X. Paris, 1558.

Conringius (Hermannus). — De finibus Imperii Germanici libri duo quibus jura finium a primo Imperii exordio ad hæc nostra usque tempora propugnantur. Lugduni, 1654.

Craig (Sir Thomas). — Jus feudale, tribus libris comprehensum. Edinburgh, 1655.

Cravetta (Aymon). — Tractatus de antiquitate temporis. Venise, 1576.

Crespi de Valdaura. — Observationes decisionibus illustratæ, in duasque partes divisæ. Editio novissima ab auctore recognita, et aucta... Pars prima. Lugduni, 1730.

Cuiacius (Jacobus). — Opera quæ de iure fecit et edi voluit. Hanoviæ, 1602 (Paratitla : tome 2 ; Observationum libri XIIII : tome 4).

— Operum postumorum quæ de iure reliquit tomi quarti pars posterior. Paris, 1658.

Cussy (Ferdinand de). — Phases et causes célèbres du droit maritime des nations. I-II. Leipzic, 1856.

Degrassailles (Charles). — Regalium Franciæ libri duo. Paris, 1545.

Delavaud (Louis). — Les Français dans le Nord. Rouen, 1911.

— Description des côtes de la France au xve siècle par le pilote Garcie Ferrande. — Bulletin de la Société de Géographie de Rochefort, III (1881-1882), p. 118 et suiv.

Diplomatarium Norvegicum. — Oldbreve til kundskap om Norges indre og ytre forhold... i middelalderen. I-XIX. Kristiania, 1847-1909.

Dit is die caerte van der zee om Oost ende West te zeylen. Réimpression. Leide, 1885.

Dominicus de Sancto Geminiano. — Lectura prima super sexto libro Decretalium. Venise, 1476. Bibl. Nat., Rés. F. 1021.

Dumont (Jean). — Corps universel diplomatique du droit des gens (de 800-1731). I-VIII. — Amsterdam et La Haye, 1726-1731.

Emerigon (B.-M.). — Traité des assurances. Vol. 1. Paris, 1783.

Fragosus (Petrus Baptista). — Regimen reipublicæ christianæ, ex sacra theologia, et ex utroque iure ad utrumque forum tam internum, quam externum coalescens, in tres partes divisum. Lyon, 1641.

Freccia (Marinus). — De subfeudis baronum, et investituris feudorum. Venise, 1579.

Freitas (Franciscus Seraphinus de). — De iusto imperio Lusitanorum Asiatico. Vallisoleti, 1625.

Fulton (Thomas Wemyss). — The Sovereignty of the Sea. Londres, 1911.

Galiani (Fernando). — De' doveri de' principi neutrali verso i principi guerreggianti, e di questi verso i neutrali. Libri due. S.l., 1782.

Garcie (Pierre, dit **Ferrande).** — Le grand routier. Poitiers, 1542.

Gentilis (Albericus). — De jure belli libri III. Hanoviæ, 1598.

— Hispanicæ advocationis libri duo. 2e éd. Amsterdam, 1661.

Gomez de Léon. — Decisiones gravissimarum subtilissimarumque quæstionum. T. 2 (Cité d'après Cleirac).

Gragas. — Islændernes Lovbog i Fristatens Tid. Udgivet og oversat af Vilhjalmur Finsen. Copenhague, 1852.

Graswinckel (Theodorus J. E.). — Maris liberi vindiciæ adversus Petrum Baptistam Burgum. La Haye, 1652.

Graver (Theodorus). — Dissertatio juridica inauguralis, de mari natura libero, pactis clauso. Trajecti ad Rhenum, 1728.

Grotius (Hugo). — Apologeticus eorum qui Hollandiæ Westfrisiæque et vicinis quibusdam nationibus ex legibus præfuerunt ante mutationem quæ evenit anno 1618. Paris, 1640.

— Defensio capitis quinti Maris Liberi oppugnati a Guilelmo Welwodo juris civilis professore capite XXVII ejus libri scripti Anglico sermone cui titulum fecit Compendium legum maritimarum. Imprimé : Muller, Mare Clausum, Amsterdam, 1872, p. 331-361.

— De jure belli et pacis libri tres. By William Whewell. I-III. Cambridge, 1853.

— Inleydinghe tot de Hollandsche rechts-gheleerdheydt. Harlem, 1636.

— Mare Liberum sive de jure quod Batavis competit ad Indicana commercia. Leide, 1618.

— Vrije Zeevaert, ofte bewijs van het recht dat de inghesetenen deser gheunieerde Landen toekomt over de Oost ende West-indische koophandel. Harlem, 1636.

Gryphiander (Johannes). — De insulis tractatus. Francfort, 1623.

Günther (Karl Gottlob). — Europäisches Völkerrecht in Friedenszeiten nach Vernunft, Verträgen und Herkommen mit Anwendung auf die teutschen Reichsstände. I-II. Altenburg, 1787-1792.

Gutalag och Gutasaga jämte ordbok utgifna för Samfund til udgivelse af gammel nordisk litteratur af Hugo Pipping. Copenhague, 1905-1907.

Hall (R.-G.). — Essay on the rights of the Crown and the privileges of the subject in the sea shores of the realm. Réimprimé : Moore, A history of the foreshore, Londres, 1888.

[**Hansard**]. — Cobbett's Parliamentary History of England, 1066-1803. Vol. 1-36. Londres, 1806-1820.

Henricus de Segusio (Cardinalis Hostiensis). — Summa aurea. Lyon, 1576.

Hieronymus de Monte. — Tractatus de finibus regundis civitatum, castrorum ac prædiorum, tam urbanorum quam rusticorum... nunc denuo editus, et ab ipso auctore recognitus et auctus. Coloniæ Agrippinæ, 1590

Holberg (Ludvig). — Moralske Kjerne eller Introduction til Naturens og Folke-Rettens Kundskab. Copenhague, 1715.

Huber (Ulricus). — Digressiones Justinianeæ, quibus varia et præsertim humaniora juris continentur. Franekeræ, 1671.

— De jure civitatis libri tres. Franekeræ, 1673.

Hübner (Martin). — De la saisie des batimens neutres. La Haye, 1759.

Indstilling fra Sjögrænsekommissionen av 1911, avgit 29 de februar 1912. Kristiania, 1912.

Jacobsen (Friedrich Johann). — Handbuch über das practische Seerecht der Engländer und Franzosen in Hinsicht auf das von ihnen in Kriegszeiten angehaltene neutrale Eigenthum, mit Rücksicht auf die englischen Assecuranz-Grundsätze über diesen Gegenstand. Vol. 1. Hambourg, 1803.

Jason Maynus. — Voir Portius, Christophorus.

Johannes de Platea. — Commentaria in quatuor libros Institutionum. Lyon, 1507. Bibl. Nat., Rés. F. 480.

— Super tribus libris Justiniani Codicis lectura exquisitissima. Bibl. Mazarine, XVe, 1311.

Kemble (John Mitchell). — Codex Diplomaticus Aevi Saxonici. Londres, 1839.

Klock, Henricus. — Disceptatio politico-juridica de vectigalium jure, moribus hodiernis et praxi, maxime Imperii Romani accommodata. Bâle, 1617.

Lapradelle (Geouffre de). — Le droit de l'Etat sur la mer territoriale. — Revue générale de droit international public, 1898, p. 264 et 309.

Laratha (Camillus de). — Theatrum feudale. Tome 2. Naples, 1637.

La Roncière (Charles de). — Histoire de la Marine Française, III-IV. Paris, 1906-1910.

Laursen (L.). — Danmark-Norges traktater. Tome 2. Copenhague, 1912.

Le Caron (Louis, dit Charondas). — Le Code du Roy Henri III Roy de France et de Pologne... illustré par L. Charondas Le Caron, jurisconsulte parisien. 5e édit. Paris, 1622.

— Pandectes ou Digestes du droict françois. Lyon, 1596.

Le Nain de Tillemont. — Vie de Saint Louis, Roi de France. Tome 2. Paris, 1847.

Liber sextus decretalium Bonifacii VIII cum glossis. — Moguntiæ, 1473. — Bibl. Arsenal, Jur. 449.

Lind (H. D.). — Fra Kong Frederik den andens Tid. Bidrag til den dansk-norske Sömagts Historie 1559-1588. Copenhague, 1902.

Lübeckisches Urkundenbuch. — Abth. 1. (Urkundenbuch der Stadt Lübeck herausgeg. von dem Vereine für Lübeckische Geschichte). I-XI. Lubeck, 1843-1905.

Magnum Bullarium Romanum, a beato Leone magno usque ad Benedictum XIII. — Opus absolutissimum Laertii Cherubini etc. Edit. novissima. T. I-XIX. Luxembourg, 1727-1740.

Martens (Georg Friederich von). — Précis du droit des gens moderne de l'Europe. Gottingue, 1789 (1re éd.) et 1801 (2e éd.).

— Primæ lineæ juris gentium Europæarum practici in usum auditorum adumbratæ. Gottingue, 1785.

— Recueil de traités d'alliance, de paix, de trêve, de neutralité, etc.

Depuis 1761 jusqu'à présent. 2e édit. I-VIII, 1761-1808. Gottingue, 1817-1835.

Matzen (Henning). — Den danske Statsforfatningsret. I-III. Copenhague, 1888-1891.

Mauricius (J.-J.) — Naleesingen (conservés aux Archives nationales, La Haye). 1740-1741.

Merveilleux Duvigneaux (Henri). — Du droit de l'Etat sur la mer territoriale. Marseille, 1900.

Meurer (Noe). — Wasser Recht und Gerechtigkait. Francfort, 1570.

Montanus (Horatius). — De regalibus tractatus amplissimus. Naples, 1634.

Moore (Stuart A.). — A history of the foreshore and the law relating thereto. Londres, 1888.

Morisotus (Claudius Bartholomæus). — Orbis maritimi sive rerum in mari et littoribus gestarum generalis historia. Divione, 1643.

Moser (Johann Jacob). — Versuch des neuesten Europäischen Völker-Rechts in Friedens und Kriegs-Zeiten. I-X. Francfort, 1777-1780.

Neyron (Pierre Joseph). — Principes du droit des gens européen conventionnel et coutumier. Bronswic, 1783.

Noradounghian (Gabriel effendi). — Recueil d'actes internationaux de l'Empire Ottoman. I-IV. 1300-1902. Paris, 1897-1903.

Norges gamle Love indtil 1387. I-V. Christiania, 1846-1895.

North Atlantic coast fisheries arbitration at the Hague. Londres, 1909-1910. (British) Case, 1909. Appendix to the Case, 1910. Countercase, 1910. Appendix to the Counter-case, 1910. Argument, 1910. Oral argument before the tribunal, I-II, 1910.

Oetinger (Johannes). — Tractatus de jure et controversiis limitum, ac finibus regundis. Augsbourg, 1670.

Oppenheim (L.). — International Law. I-II. Londres, 1905-1906.

Palatius (Johannes). — De dominio maris libri duo, Serenissimæ Venetæ Reipublicæ dicati. Venise, 1663.

Pardessus (J.-M.). — Collection de lois maritimes antérieures au XVIIIe siècle. I-VI. Paris, 1828-1845.

Paulus Castrensis. — In primam Digesti veteris partem commentaria. Venise, 1582.

— In primam Digesti novi partem commentaria. Venise, 1582.

Phillipson (Coleman). — The international law and custom of ancient Greece and Rome. I-II. Londres, 1911.

Pontanus (Johannes Isacius). — Discussionum historicarum libri duo. Hardervici Gelrorum, 1637.

Ponte (Johannes Franciscus de). — De potestate proregis, collateralis consilii, et regni regimine tractatus. Naples, 1611.

Portius (Christophorus). — Super tres priores Institutionum divi Justiniani libros commentaria longe utilissima, una cum Jasonis annotationibus. Lyon, 1550.

Pufendorf (Samuel). — De jure naturæ et gentium libri octo. Editio nova, auctior multo et emendatior. Francfort, 1694.

Rayneval (J.M.G. de). — De la liberté des mers. T. 2. Paris, 1811.

Reinkingk (Theodorus). — Tractatus de regimine seculari et ecclesiastico. 6e éd. Francfort, 1649.

Répertoire universel et raisonné de jurisprudence. Vol. 8. Paris, 1777 (1re éd.) et 1812 (4e éd.). Vol. 9. Paris, 1813 (4e éd.).

Rhode (Paulus). — Thynnorum captura quanti fuerit apud veteres momenti. — Jahrbücher für classische Philologie, herausgegeben von Alfred Fleckeisen, 18er suppl. b., Leipzic, 1892, p. 1-79.

Ricciis (Johannes de). — Resolutiones (Cité d'après Crespi de Valdaura).

Riquelme (Antonio). — Elementos de derecho público internacional. T. 1. Madrid, 1849. Apendice al derecho internacional de España. T. 2. Madrid, 1849.

Rovitus (Scipio). — Consiliorum, seu juris responsorum, cum decisionibus Supremorum Regni Neapolitani tribunalium in calce cujuslibet annotatis, tomus tertius... Et in hac nova editione accesserunt... observationes D. Blasii Altimari... Naples, 1696.

Ruinus (Carolus). — Primum volumen consiliorum, seu responsorum. Lyon, 1546.

Rymer (Thomas). — Fœdera, conventiones, literæ et cujuscunque generis acta publica inter reges Angliæ et alios quosvis imperatores... ab anno 1101 ad nostra usque tempora, habita aut tractata. Editio tertia... studio Georgii Holmes. T. I-X. La Haye, 1739-1745.

Ræstad (Arnold). — Norges höihetsret over Spitsbergen i ældre tid. Kristiania, 1912.

— Kongens Strömme. Historiske og folkeretslige undersökelser angaaende sjöterritoriet. Kristiania, 1912 (Cité : Ræstad).

Sandeus (Felinus). — In quinque libros Decretalium commentaria eruditissima. Lyon, 1535.

Sanfelicius (Johannes Franciscus). — Decisionum Supremorum tribunalium Regni Neapolitani... tomus tertius. Naples, 1649.

Schæfer (Dietrich). — Das Buch des Lübeckischen Vogts auf Schonen. — Hansische Geschichtsquellen, IV. Halle, 1887.

Schoockius (Martinus). — Imperium maritimum, in quo cuique genti, maxime Belgis fœderatis suus vindicatur honos. — De imperio maris variorum dissertationes... Cum præfatione Joach. Hagemeieri. Francfort, 1663.

Seebuch (das), von Karl Koppmann. Mit einer nautischen Einleitung von Arthur Breusing. Brême, 1876.

Seekarte (die). — Hambourg, 1571.

Selden (John). — Mare Clausum seu de dominio maris libri duo. Londres, 1635.

— Vindiciæ secundum integritatem existimationis suæ, per convitium de scriptione Maris Clausi, petulantissimumque mendacissimumque insolentius læsæ in vindiciis maris liberi adversus Petrum Baptistam Burgum, Ligustici maritimi dominii assertorem, Hagæ Comitis jam nunc emissis. Londres, 1653.

Solorzano Pereira (Johannes de). — Disputatio de Indiarum jure, sive de justa Indiarum occidentalium inquisitione, acquisitione, et retentione tribus libris comprehensa. Madrid, 1629.

Statuta Urbis Romæ. — Rome, 1491. Bibl. Mazarine, XV°, 909. — Rome, 1611. Bibl. Arsenal, Jur. 5523.

Steenstrup (Johannes). — Nogle træk af fiskerbefolkningens historie. — Dansk historisk Tidsskrift, 7e série, vol. 6, 1905-1906, p. 141-171.

Strauch (Johannes). — De imperio maris. Francfort, 1683.

Stypmann (Franciscus). — Tractatus de jure maritimo et nautico. Gryphiswaldiæ, 1652.

Suarez (Rodericus). — Opera omnia. Duaci, 1614.

Surland (J. J.). — Grund-Sätze des Europäischen See-Rechts. Hannover, 1750.

Sœkartet offuer Oester oc Vester Sœen. — Prentet i Kiöbenhaffn aff Laurentz Benedicht, 1568 (Copenhague).

Tapia (Carolus). — Decisiones Supremi Italiæ Senatus Carolo Tapia marchione Belmontis ex eodem Senatu... compilatore. Naples, 1626.

Taranger (Absalon). — Udsigt over den norske rets historie. I et II, 1. Kristiania, 1898 et 1904.

Valin (René-Josué). — Nouveau commentaire sur l'ordonnance de la marine du mois d'août 1681. I-II. Nouvelle édition, revue, corrigée et augmentée. La Rochelle, 1776.

— Traité des prises, ou principes de la jurisprudence française concernant les prises qui se font sur mer. T. Ier. La Rochelle, 1763.

Vasquius (Ferdinandus). — Illustrium controversiarum aliarumque usu frequentium pars prior et posterior, nunquam hactenus coniunctim in Germania editæ. Francfort, 1604.

Visser (L.-E.). — De territoriale zee. Amersfoort, 1894.

Waitz (Georg). — Deutsche Verfassungsgeschichte. I-VIII. 2e éd. Kiel, 1861-1878.

Welwod (William). — An abridgement of all sea-lawes. Londres, 1613.

— De dominio maris, juribusque ad dominium præcipue spectantibus, assertio brevis ac methodica. La Haye, 1653.

Wolff (Christian). — Jus gentium methodo scientifica pertractatum, in quo jus gentium naturale ab eo quod voluntarii, pactitii et consuetudinarii est, accurate distinguitur. Halæ Magdeburgicæ, 1749.

Wynne (William). — The Life of Sir Leoline Jenkins... Vol. 2. Londres, 1724.

INDEX

I. TABLE DES NOMS CITÉS

II. TABLE DES LIMITES DE LA MER TERRITORIALE

III. TABLE DES SYSTÈMES JURIDIQUES

IV. TABLE DES LOIS (DÉCRETS, ETC.)

V. TABLE DES TRAITÉS

TABLE DES MATIÈRES

Paris. — A. Pedone, imprimeur-éditeur

www.ingramcontent.com/pod-product-compliance
Ingram Content Group UK Ltd.
Pitfield, Milton Keynes, MK11 3LW, UK
UKHW031840260826
14628UKWH00001B/497

9 782014 085334